LE PIÈGE DE LA DETTE PUBLIQUE

Attac

Jacques Cossart, Évelyne Dourille-Feer (coord.), Jean-Marie Harribey (coord.), Michel Husson, Esther Jeffers, Pierre Khalfa (coord.), Antoine Math, Dominique Plihon, Éric Toussaint

Le piège de la dette publique

Comment s'en sortir

ÉDITIONS LES LIENS QUI LIBÈRENT

ISBN : 978-2-918597-29-2

Sommaire

INTRODUCTION

Qui piège qui ?

Il y a un peu plus de trois ans éclatait une crise financière qui a failli balayer tout le système bancaire. Contenue de justesse grâce à l'injection massive de liquidités par les États, elle s'est métamorphosée dans les pays développés en une récession majeure, la plus importante depuis la crise de 1929. Cette récession ne s'est pas transformée en vague dépressive, comme dans les années 1930, car les gouvernements ont mis en œuvre des plans de relance pour limiter les dégâts. Ces plans avaient assurément un contenu discutable, notamment en matière écologique et sociale, et ils avaient aussi une ampleur limitée, notamment dans l'Union européenne, mais ils ont permis d'éviter le pire.

On aurait pu s'attendre à ce que les raisons d'une telle situation soient réellement analysées et que des mesures soient prises pour qu'elle ne se reproduise pas. Certes, au moment du choc, les paroles définitives ont fleuri et on a assisté à une sorte de surenchère verbale pour condamner le comportement irresponsable de la finance, le président de la République n'étant pas en reste pour exiger une « moralisation du capitalisme ». Mais d'analyses sérieuses, point, et encore moins de mesures efficaces. Rien, évidemment, sur le fait qu'à la racine de la crise il y a un partage de plus en plus inégal de la richesse produite, le produit intérieur brut (PIB). Rien sur le fait que cette répartition de plus en plus injuste est liée à la financiarisation de l'économie et a poussé à un endettement de plus en plus important des ménages, en particulier les plus pauvres. Rien enfin sur le fait qu'avoir lâché la bride à la finance, avec une déréglementation généralisée, ne pouvait avoir pour conséquence qu'une course à la cupidité qui allait aboutir, assez rationnellement, à ces comportements «irresponsables» que les «responsables» politiques faisaient semblant de découvrir.

Trois ans après l'explosion de la crise financière, le tableau est saisissant. La crise a permis une concentration bancaire sans précédent récent. Les marchés financiers sont plus puissants que jamais, la spéculation se déchaîne et l'Union européenne vit sous ce chantage permanent. L'impuissance du G20, qui regroupe les pays les plus riches du monde, à prendre la moindre mesure énergique contre la finance est patente. Dans les pays capitalistes développés, le chômage, la précarité et la pauvreté se développent. La protection sociale et les services publics, qui avaient pourtant joué un rôle décisif, et reconnu, pour amortir les effets de la récession en 2009, sont attaqués de toute part, le droit du travail est remis en cause, le pouvoir d'achat de la grande masse de la population stagne ou régresse… et le discours a changé pour préserver l'essentiel.

Fini, les tirades contre l'«irresponsabilité de la finance». Ce n'est plus le capitalisme qu'il faut «moraliser», c'est la dette et le déficit publics qu'il faut réduire. Et les gouvernements de mettre en œuvre des plans d'austérité drastiques qui se traduisent – ou vont se traduire – par une purge sociale généralisée. Le fameux TINA, «There Is No Alternative», que Margaret Thatcher avait employé pour tenter de légitimer le néolibéralisme reprend du service : il n'y aurait pas d'alternative aux plans d'austérité et à la réduction des dépenses publiques, voilà ce que nous ressassent les responsables politiques, de droite et souvent de gauche, et les représentants du patronat. On peut voir ainsi des gouvernements sociaux-démocrates – celui du Grec Papandréou, de l'Espagnol Zapatero, du Portugais Sócrates – prendre des mesures de régression sociale inouïes, présentées comme inévitables.

Ce livre a pour objectif de montrer que, au contraire, loin de relever de l'inéluctable, les purges sociales en cours ou en préparation sont le fruit de choix politiques assumés des gouvernements, du Fonds monétaire international (FMI) et des institutions européennes, le choix de ne pas remettre en cause le modèle néolibéral, celui de sauvegarder le pouvoir des plus riches, celui de faire payer la crise aux salariés, particulièrement aux femmes, et plus globalement aux populations.

Le livre s'ouvre sur la présentation de la situation actuelle dans les pays du Sud. Car la crise de la dette, qui touche aujourd'hui les pays du Nord, a longtemps été l'apanage des pays du Sud. On peut même dire que l'imposition du néolibéralisme a commencé par ce que certains ont appelé le « coup d'État» de la banque centrale des États-Unis, la Federal Reserve – la *Fed* –, qui, brusquement, en 1979, a fortement augmenté son taux d'intérêt, ce qui a eu pour conséquence de faire exploser la dette des pays du Sud. Cette crise de la dette a permis au FMI de leur imposer des «plans d'ajustement structurel» dont le contenu était très similaire aux plans d'austérité européens actuels. Le chapitre 1, après avoir décrit la situation actuelle des pays du Sud, montre comment des gouvernements progressistes en Amérique latine tentent de mettre en œuvre des solutions alternatives, certes encore limitées, pour sortir du piège de la dette.

Les questions de la dette publique et du déficit public ne sont pas apparues avec la crise, car dette et déficit augmentent régulièrement depuis des décennies. Cerner les causes de cet accroissement est un enjeu majeur du débat politique. Est-il dû à la « préférence pour la dépense publique », comme l'affirmait en 2005 le rapport Pébereau commandé par le gouvernement de l'époque et comme le répètent à l'envi les idéologues néolibéraux ? La France vit-elle au-dessus de ses moyens, comme nous l'entendons dire régulièrement ? Le chapitre 2 fait justice de cette accusation. Il montre que l'accroissement de la dette n'a rien à voir avec une quelconque explosion des dépenses publiques, qui sont restées globalement stables avant la crise financière. Trois facteurs sont à la racine de l'augmentation régulière de la dette publique. Tout d'abord, l'importante baisse des recettes due aux cadeaux fiscaux qu'ont représentés pour les entreprises et les ménages les plus riches la baisse de l'impôt sur les sociétés et les réformes successives de l'impôt sur le revenu. Le rapport de février 2011 de la Cour des comptes confirme, à sa manière, cette situation en indiquant que les « dépenses fiscales » – nom que la Cour donne aux niches fiscales – ont connu une progression incontrôlée à partir de 2004, pour atteindre 72,9 milliards d'euros en 2009, sans compter les 75 milliards retirés de la liste des niches depuis 2005 (voir encadré « Le rapport 2011 de la Cour des comptes dénonce les "niches fiscales" »). Le deuxième facteur renvoie au fait que, depuis les années 1970, les gouvernements ont décidé d'emprunter uniquement sur les marchés financiers pour éponger leur déficit au lieu d'avoir recours aux banques centrales. Les États se sont ainsi mis sous l'emprise des marchés financiers et – troisième facteur – ils ont subi l'effet des variations des taux d'intérêt.

Le chapitre 3 pointe les conséquences de la crise, car, auparavant, les finances publiques étaient globalement sous contrôle. Le choc brutal de la crise transforme la situation et conduit à une explosion générale des déficits publics et à une forte augmentation des dettes publiques. Ainsi, dans la zone euro, le déficit public est passé de 0,6 % du PIB en 2007 à 6,3 % en 2009. Dans la même période, la dette publique passait de 66 % à 78,7 % du PIB. L'impact de la crise est double. D'une part, on assiste à une forte baisse des recettes fiscales due à la récession de l'année 2009. D'autre part, les États mettent en œuvre, comme nous l'avons dit, des mesures pour sauver leur système bancaire et des plans de relance pour lutter contre la récession. C'est la crise qui a créé la situation actuelle. Il s'agit donc de savoir si la petite minorité de dominants qui, par son avidité, en a été responsable va en faire les frais, ou si le coût de la crise va être supporté par la grande majorité de la population. Le choix des plans d'austérité montre que les gouvernements ont penché pour la seconde solution.

La crise de la dette publique s'est manifestée en particulier dans l'Union européenne, et la zone euro a été particulièrement touchée. Le chapitre 4 analyse comment la crise économique a fait éclater au grand jour les contradictions de la construction européenne. Au lieu d'être un espace de coopération, l'Union a fait de la concurrence entre les États membres l'axe central de son développement. Elle s'est bâtie sur un dumping fiscal et social. L'euro est donc pris dans une contradiction fondamentale : il est la monnaie unique d'États qui sont en guerre économique. Le financement des déficits budgétaires s'est opéré par le recours aux banques privées et autres institutions financières, la Banque centrale européenne (BCE) ne voulant ni ne pouvant les financer, avec pour conséquence un accroissement de l'emprise des marchés financiers sur l'Union européenne. Nous nous retrouvons ainsi dans la situation aberrante où les banques privées prêtent aux États à des taux élevés, qui peuvent même aller jusqu'à plus de 10 % pour la Grèce, tout en se refinançant auprès de la BCE à un taux d'intérêt très faible (1 %). Cette situation est la cause immédiate de la phase actuelle de la crise, celle de la dette publique. La zone euro, censée être un havre de stabilité monétaire, est devenue une proie pour les marchés financiers. Pour couronner le tout, l'Allemagne et la France s'apprêtent à imposer à tous leurs partenaires un « pacte de compétitivité » qui serait un « pacte de stabilité » en pire, puisque chaque État serait tenu de soumettre ses comptes publics, d'imposer une austérité accrue, de repousser encore l'âge de la retraite, et même d'inscrire dans sa loi fondamentale le dogme de l'équilibre budgétaire quelles que soient les circonstances.

Deux grands pays développés semblent échapper à la crise de la dette : les États-Unis et le Japon[1]. Non qu'ils ne soient pas endettés – ils le sont beaucoup plus que l'Union européenne. La dette du Japon représente 200 % de son PIB et celle des États-Unis dépasse les 90 % du PIB. Le chapitre 5 se penche sur ces deux cas. Les États-Unis ont sur la scène

1. Le livre a été écrit avant le tremblement de terre et la catastrophe humanitaire qui s'en est suivie.

mondiale un statut particulier, même s'il tend à se normaliser. Le dollar, monnaie nationale, joue de fait le rôle d'une monnaie internationale. Une grande majorité des transactions commerciales et financières se font en dollars ; les banques centrales l'utilisent comme principale monnaie de réserve, et ce sont elles – notamment la banque centrale chinoise – qui se portent acquéreuses des bons du Trésor américain. Possédant d'énormes réserves de change libellées en dollars, les banques centrales, et en particulier celles des pays qui, comme la Chine, exportent largement aux États-Unis, n'ont aucun intérêt à provoquer une crise. Le cas du Japon est très différent. L'absence d'attaque spéculative contre le yen s'explique essentiellement par le fait que la dette publique japonaise est détenue par des institutions financières publiques ou des agences gouvernementales ainsi que par les petits épargnants japonais. Le financement de la dette publique se fait donc hors marché, et c'est pour cette raison que la dette échappe pour le moment aux attaques spéculatives. C'est aussi une leçon politique à retenir.

Pour sortir du piège de la dette, il faut échapper à l'emprise des marchés financiers. C'est là le problème fondamental. Le chapitre 6 examine les pistes pour y parvenir. Il faut d'abord restructurer, c'est-à-dire annuler au moins partiellement les dettes publiques en Europe. Celles-ci sont largement illégitimes : elles sont, nous l'avons dit, le produit combiné des cadeaux fiscaux faits aux possédants et de l'impact de la crise financière, dont ces derniers sont responsables. Il faut ensuite une autre politique monétaire. En particulier, la BCE doit pouvoir, sous contrôle démocratique européen, financer les États et les politiques publiques européennes. Il faut enfin, non pas rassurer les marchés, mais leur briser les reins. Cela passe par l'interdiction d'un certain nombre de transactions financières dont on sait quel rôle néfaste elles ont joué dans le déclenchement de la crise financière, et par un contrôle public sur l'activité des banques. Il s'agit donc fondamentalement de repenser radicalement la construction européenne, en mettant fin à des politiques d'austérité injustes et inefficaces et en mettant en œuvre des politiques économiques et sociales au service des populations. Une telle rupture ne pourra s'effectuer que si les peuples d'Europe prennent leur destin en main. C'est dire que rien ne se fera si des mobilisations sociales et citoyennes ne permettent pas de créer les rapports de forces nécessaires.

Pour finir, il faut dire que, si l'endettement actuel est néfaste, c'est d'abord parce qu'il aboutit à une redistribution à l'envers, en faveur des plus riches. Ces derniers ont bénéficié des largesses fiscales des décennies qui viennent de s'écouler. Ils ont perçu des revenus supplémentaires qu'ils ont épargnés... en achetant des obligations d'État que les gouvernements ont été obligés d'émettre pour combler le budget déficitaire qui découlait de ces cadeaux fiscaux. Ils sont donc doublement gagnants. Bénéficiaires des contre-réformes fiscales, ils encaissent en outre les intérêts des obligations d'État – intérêts payés, à travers l'impôt, par la grande masse de la population, qui dans la plupart des pays voit les services publics se détériorer pour cause de réduction des dépenses au nom de la nécessité de réduire la dette.

Cependant, l'endettement n'est pas en soi un phénomène préjudiciable, comme semblent le penser ceux qui proposent, à droite, mais aussi à gauche, d'inscrire dans la Constitution française l'impératif de l'équilibre budgétaire ou d'une limite de déficit à ne pas dépasser – c'est le cas de la Cour des comptes et de son président, l'ancien député socialiste Didier Migaud. L'encadrement strict de la dette et du déficit publics des États fait déjà l'objet du Pacte de stabilité au niveau européen. On sait que ce qu'il en est advenu au moment de la crise financière : inappliqué car inapplicable. S'il l'avait été, le système financier se serait écroulé et une vague dépressive sans précédent aurait déferlé sur l'économie européenne. Au lieu de tenter de décliner une clause similaire, voire plus restrictive, dans la Constitution française, comme veut le faire le gouvernement, il faut montrer que cette phobie de l'endettement repose sur un contresens fondamental (voir l'encadré « Bonnet d'âne pour le professeur Attali et ses "leçons sur la dette souveraine" »).

Un endettement gagé sur la production future de biens et de services utiles socialement est indispensable pour permettre le développement de l'activité économique et les investissements utiles. C'est d'autant plus vrai aujourd'hui qu'il faut engager de toute urgence la transition écologique de la société. L'endettement peut prendre plusieurs formes. Le néolibéralisme a fait croire qu'endettement rime avec domination des marchés financiers. À l'opposé, il est possible de financer les déficits publics qui se révéleraient nécessaires par de la création monétaire effectuée par les banques centrales. Certes, celle-ci n'est pas sans risque, notamment en termes d'inflation. Le pouvoir de création monétaire doit être contrôlé démocratiquement par la collectivité. Il ne peut être laissé aux mains d'institutions qui n'ont aucun compte à lui rendre, comme c'est le cas actuellement de la BCE, ni même laissé sans contrôle aux mains de gouvernements peu scrupuleux. C'est dire qu'il y a là un enjeu démocratique vital pour les peuples.

Le livre se conclut par un petit conte policier intitulé «Le mystère de la chambre forte». Sans en déflorer l'intrigue, disons qu'il s'agit d'une enquête de l'inspecteur HomoAttacus qui tente de percer l'énigme de la création monétaire. Notre enquêteur circule parmi les arcanes du système financier international et fait d'étonnantes découvertes...

Bonnet d'âne pour le professeur Attali et ses « leçons sur la dette souveraine »

Dans un récent best-seller sur la dette publique[1], le professeur Jacques Attali nous livre les « Douze leçons de l'histoire de la dette souveraine». Comment s'explique la croissance de la dette ? C'est la « Leçon n° 5 : la dette souveraine est condamnée à augmenter si le souverain ne compense pas la tendance naturelle de ses dépenses à augmenter plus vite que ses recettes » (p. 110). Selon le professeur, l'écart entre dépenses et recettes « se creuse tout naturellement ». D'abord parce que « la productivité des services publics » augmente moins vite que la productivité moyenne de l'économie. Ensuite et surtout parce qu'« il est très facile de créer ou d'augmenter une dépense publique » et de « réduire ou supprimer un impôt », alors qu'il « faut déployer beaucoup d'effort et de courage pour s'attaquer à tout avantage acquis » et qu'il est « très difficile de créer ou d'augmenter un impôt » (p. 111).
À l'unisson avec l'ensemble des éditorialistes, le professeur Attali nous le répète : la dette vient de la prodigalité congénitale de l'État et du conservatisme des bénéficiaires des « avantages acquis ».

1. Jacques Attali, *Tous ruinés dans dix ans ? Dette publique : la dernière chance*, Paris, Le Livre de poche, 2011.

La démonstration ne s'appuie étonnamment sur aucun chiffre. Le lecteur sceptique ou simplement curieux doit se reporter aux tableaux en annexe, tout à la fin de l'ouvrage. Et là, stupéfaction : les chiffres indiquent au contraire une baisse de la part des dépenses publiques dans le PIB en France, de 55 % en 1993 à 53 % en 2008 (tableau 15, intitulé « Rythme de progression [*sic*] en volume de la dépense publique »). Sur la même période, la dette publique est passée de 45 % à 78 % du PIB (tableau 13, « Évolution de la dette publique en France »).
Le professeur Attali pourra continuer d'être invité dans les médias et de raconter n'importe quoi... à moins qu'un journaliste ne se décide à aller regarder les chiffres... ou à lire ce livre.

Le rapport 2011 de la Cour des comptes dénonce les niches fiscales

Dans son rapport 2011, la Cour des comptes, bien que sacrifiant au dogme de la baisse des dépenses publiques, dénonce l'augmentation de 55 % [1] de l'ensemble « niches fiscales » entre 2004 et 2009. Ces dernières, rebaptisée « dépenses fiscales », sont passées de 18 % à 30 % des recettes fiscales nettes de l'État entre 2004 et 2009. Le rapport souligne que, si le taux de 18 % de 2004 avait été maintenu, « les recettes fiscales et le solde budgétaire de l'État auraient été améliorés d'environ 27 milliards d'euros en 2009 ».
La Cour épingle aussi « le caractère flou de la définition et l'incohérence de la liste des dépenses fiscales », le premier permettant

1. Augmentation de 43 % hors mesures de relance. Le coût des crédits et réductions d'impôts sur le revenu a augmenté de 142 % de 2004 à 2009.

d'enlever certains dispositifs de la liste en question… En réintégrant les dispositifs retirés depuis 2004, les dépenses fiscales bondissent à 148 milliards d'euros en 2009 au lieu des 73 milliards d'euros enregistrés.

Une partie importante du rapport analyse l'optimisation fiscale des entreprises et pointe son coût élevé pour l'État. La Cour propose de réviser certaines dispositions du régime de l'intégration fiscale, qui permet aux groupes, selon certaines modalités, « de créer sur option un groupe fiscal qui offre la possibilité de compenser les résultats bénéficiaires et déficitaires des sociétés du groupe ». Le régime d'intégration fiscale a coûté 19,5 milliards d'euros en 2008, profitant à 21 000 groupes.

Plus sévère est son diagnostic sur le régime du bénéfice mondial consolidé, qui constitue un « effet d'aubaine » pour seulement cinq groupes multinationaux : la Cour préconise de le supprimer. La disparition de ce régime ne rapporterait qu'un peu plus de 300 millions d'euros à l'État, mais cette mesure va dans le sens du recul de l'optimisation fiscale éhontée des entreprises.

CHAPITRE 1

La crise de la dette publique, du Sud au Nord

Il y a peu, la crise de la dette et son cortège de mesures d'austérité dictées par le Fonds monétaire international et la Banque mondiale semblaient être réservés au monde en développement. En 2010, les épisodes grec, espagnol, portugais et irlandais de la crise qui frappe l'Union européenne ont montré aux opinions que la dette publique constitue un problème incontournable. Le poids de son remboursement est utilisé pour mettre en œuvre, au sein et au pourtour de l'Union européenne, des politiques d'ajustement structurel qui rappellent le consensus de Washington [1] appliqué depuis plus de trois décennies dans de nombreux pays en développement. Le FMI intervient directement avec la Commission européenne pour faire appliquer des mesures anti-populaires en Grèce, en Hongrie, en Roumanie, en Lituanie, tous membres de l'Union. Il a fait de même en Irlande et s'apprête à réitérer l'opération ailleurs.

1. On regroupe sous cette appellation une série de mesures imposées aux pays du Sud et préconisant entre autres la privatisation des services publics, la réduction drastique des dépenses publiques et un modèle de développement tiré par les exportations.

Le Nord plus endetté que le Sud

Un premier constat s'impose : le Nord croule sous une dette bien plus importante que les pays en développement (PED) [1]. C'est ainsi que la dette extérieure publique des seuls États-Unis représente plus du double de celle de tous les PED, Chine et Inde comprises, et 8,5 fois celle de toute l'Amérique latine et des Caraïbes. La dette extérieure publique de la France [2] représente plus de 80 % de celle de tous les PED et 9 fois celle de l'Afrique subsaharienne.

Si l'on compare la dette externe totale (c'est-à-dire publique et privée – voir le tableau 1-1, « Typologie des dettes ») au produit intérieur brut, les pourcentages s'expriment avec trois chiffres pour les pays les plus industrialisés : 980 % pour l'Irlande, 400 % pour la Grande-Bretagne, 230 % pour le Portugal, plus de 100 % pour la Grèce, l'Espagne, l'Allemagne et les États-Unis. Les chiffres sont bien moins élevés pour les pays du Sud : 22 % pour l'Amérique latine, 21 % pour l'Asie du Sud et 13 % pour l'Asie de l'Est et du Pacifique.

Depuis les années 1980, les PED ont été touchés par de graves crises des dettes publiques, mais celles-ci ont rarement atteint de tels sommets. En somme, au pire moment de la crise, leur dette externe totale en pourcentage de leur PIB était nettement inférieure à celle des pays les plus

1. Selon les organismes internationaux (FMI, BM, OCDE), font partie des PED tous les pays d'Amérique latine, d'Afrique, du Moyen-Orient, les pays d'Europe de l'Est (y compris plusieurs pays membres de l'Union européenne ainsi que la Russie) et les pays d'Asie (y compris la Chine), sauf le Japon et la Corée du Sud.

2. Cela n'inclut que la dette du gouvernement central. Source : OCDE, *Dette de l'administration centrale. Annuaire statistique 2000-2009*, Paris, 2010, p. 31.

industrialisés : 53 % pour l'Argentine en 2001[1], 50 % pour le Brésil en 1983, 59 % pour la Russie en 1998, 63 % pour l'Indonésie et 73 % pour la Thaïlande en 1997.

Tableau 1-1 : Typologie des dettes

<table>
<tr><th>Origine de la dette / Dette vis-à-vis des</th><th>Dette publique</th><th>Dette privée</th></tr>
<tr><td>Institutions internationales (FMI, BM...) (dette multilatérale)</td><td colspan="2" rowspan="3">Dette extérieure</td></tr>
<tr><td>États (dette bilatérale)</td></tr>
<tr><td>Individus et institutions privés extérieurs</td></tr>
<tr><td>Individus et institutions privés nationaux</td><td colspan="2">Dette intérieure</td></tr>
</table>

Le tableau ci-dessus est à double entrée : à la verticale est représentée la distinction dette publique/dette privée, et à l'horizontale la distinction selon les types de créanciers. Le caractère externe ou interne de la dette se lit au croisement des lignes et des colonnes. Exemple : la dette publique d'un État à l'égard d'une banque privée étrangère est externe, et celle qu'il a contractée auprès d'agents résidents dans le pays est interne.

1. L'Argentine a dû suspendre le remboursement de sa dette extérieure publique fin 2001 à la suite d'une crise majeure (voir plus loin).

Une conjoncture relativement favorable aux pays en développement

Il est important de comprendre pourquoi les pays en développement, à commencer par les plus grands d'entre eux, sont dans une situation économique plus favorable que les pays les plus industrialisés, et pourquoi le poids du remboursement de leurs dettes externes pèse moins lourd sur leur budget. Le contexte actuel est favorable aux PED en raison de trois facteurs que nous allons détailler, et qui créent chez la plupart de leurs gouvernants un dangereux sentiment d'insouciance, voire d'euphorie. Les populations, elles, dans leur majorité, soit ne profitent que très marginalement de cette conjoncture favorable, soit ont vu leur situation empirer à la suite des effets combinés de la crise alimentaire de 2007-2008[1] et, en 2011, de la politique d'accaparement des terres, de l'exploitation frénétique des ressources naturelles de leur pays, du changement climatique et de la prolongation des politiques néolibérales dictées par le FMI, la Banque mondiale et l'OMC.

Quels sont ces trois facteurs relativement favorables aux PED ?

Primo, le remboursement de la dette publique est conjoncturellement soutenable[2]. Pourquoi ? Parce que les banques

1. Voir Damien Millet et Éric Toussaint, « Retour sur les causes de la crise alimentaire mondiale », www.cadtm.org/Retour-sur-les-causes-de-la-crise, août 2008. Voir aussi Damien Millet et Éric Toussaint, *La Crise, quelles crises ?*, Bruxelles-Liège-Genève, Aden-CADTM-CETIM, 2010, chapitre 6.

2. Précisons que, même si le remboursement de la dette est budgétairement soutenable, cela ne libère en rien les gouvernements de l'obligation de l'auditer afin d'identifier les dettes illégitimes et/ou

centrales des pays du Nord pratiquent des taux d'intérêt très bas (autour de 0 % au Japon depuis une vingtaine d'années, 0,25 % aux États-Unis depuis 2008, 1 % dans l'eurozone depuis 2009[1], etc.) et mettent en circulation des quantités énormes de monnaie[2]. Ce sont les banquiers et les autres sociétés financières du Nord qui en profitent, car cela accroît leurs liquidités. Cette politique a un effet collatéral : les gouvernements des PED peuvent refinancer leur dette extérieure au Nord à bon compte. Le prix qu'ils paient pour emprunter est basé sur le taux directeur des banques centrales des pays du Nord, auquel s'ajoute une prime de risque-pays qui dépend des notes qu'émettent les agences de notation. En ce qui concerne les pays émergents, ces primes de risque ont baissé au cours des dernières années (plusieurs

illégales, voire odieuses, et de les répudier. De plus, la notion de soutenabilité est tout à fait subjective : le remboursement est soutenable à condition que l'on comprime les dépenses sociales pour destiner un maximum de ressources publiques aux créanciers. Du point de vue des populations, cette politique est insoutenable, tandis que la Banque mondiale, le FMI et l'écrasante majorité des gouvernants affirment le contraire.

1. Ces taux sont négatifs, en termes réels, car inférieurs à l'inflation.

2. La Réserve fédérale américaine a décidé début novembre 2010 d'acheter aux banques privées des bons du Trésor pour un montant de 600 milliards de dollars (ce qui s'ajoute aux achats antérieurs). La Banque centrale européenne (BCE), entre mai et octobre 2010, a acheté aux banques pour 65 milliards de titres de la dette publique (source : *Financial Times*, 9 novembre 2010). En achetant des titres publics aux banques privées, les banques centrales émettent de la monnaie que les banquiers s'empressent de prêter afin de faire un profit. Les banquiers privés prêtent cet argent aux États ou aux entreprises privées du Nord comme du Sud.

pays émergents versent une prime inférieure à celle payée actuellement par la Grèce ou l'Irlande). Par ailleurs, pour quelques pays pauvres très endettés, les effets des annulations de dette annoncées depuis longtemps par le Club de Paris, la Banque mondiale et le FMI allègent temporairement le service de la dette publique extérieure. Leurs problèmes ne sont cependant pas réglés, loin de là, puisque l'allègement que certains créanciers leur ont concédé est la contrepartie de la poursuite de politiques néolibérales dictées par le FMI et la BM et qui fragilisent leurs économies, notamment en défavorisant les producteurs locaux et en privatisant des secteurs clés de l'économie.

Deuxio, la tendance à la hausse du prix des matières premières (en cours depuis 2003) accroît les recettes des pays qui en exportent, et, du même coup, accroît leurs réserves en devises fortes, lesquelles facilitent le remboursement de leurs dettes extérieures (remboursées en devises), même si une forte volatilité des prix peut exister.

Tertio, sur les masses énormes de liquidités qui circulent à travers le monde, des flux de capitaux importants vont temporairement du Nord vers les Bourses des pays émergents.

D'une façon générale, le poids relatif du remboursement de la dette externe publique des PED a baissé au cours des trois ou quatre dernières années pour une majorité d'entre eux, y compris parmi les plus pauvres. La situation se complique nettement si l'on prend en compte la dette publique totale, car la dette publique interne augmente. Conséquence : le poids du service de la dette publique par rapport au budget de l'État est, dans bien des pays, identique aujourd'hui à ce qu'il était il y a quelques années. Dans le cas du Brésil, dont le gouvernement se félicite d'avoir résolu le problème de la dette, le remboursement de la dette publique (interne et externe) représente 35,5 % du budget de l'État tandis que les dépenses d'éducation n'en représentent que 2,9 % et celles de santé 4,6 %[1]. Afin de montrer à quel point sa politique constitue une réussite, le gouvernement brésilien a participé en 2010 aux prêts accordés à la Grèce pour un montant supérieur à 200 millions de dollars. Il a aussi prêté de l'argent au FMI afin d'augmenter sa capacité d'intervention pour « venir en aide » aux pays les plus industrialisés.

Les gouvernements du Sud, la Banque mondiale et le FMI ne mettent l'accent que sur l'évolution de la dette externe, de sorte que la situation paraît à première vue s'améliorer. Pourtant, même sur le plan de la dette externe, la situation des PED n'est pas si brillante que leurs autorités le prétendent. La dette publique externe de tous ces pays considérés ensemble a augmenté entre 2007 et 2009, passant de 1 324 milliards de dollars en 2007 à 1 373 milliards en 2008, puis à 1 459 milliards en 2009[2]. La hausse se poursuit inexorablement.

La bonne conjoncture au Sud est fragile

La conjoncture favorable dans les pays du Sud reste donc très fragile, et cela s'explique par plusieurs facteurs que la plupart d'entre eux ne contrôlent pas.

1. Voir http://www.divida-auditoriacidada.org.br/config/graficoorcamento2009.jpg/image_view.

2. Banque mondiale, *Global Development Finance*, données en ligne.

L'évolution de l'un de ces pays en particulier va jouer un rôle déterminant : il s'agit de la Chine. « Atelier du monde », la Chine est le plus gros importateur de matières premières. Le maintien à un niveau élevé de ces importations chinoises a pour conséquence un niveau élevé des prix des matières premières. Si les commandes chinoises se réduisent de manière significative, il y a un fort risque de voir ces prix baisser ou s'effondrer (surtout si cela se combine avec l'éclatement de la bulle spéculative sur les matières premières, laquelle, au niveau mondial, a gonflé à un rythme soutenu depuis 2007-2008, comme nous le verrons au point suivant).

Plusieurs éléments peuvent fragiliser la croissance chinoise actuelle, avec à la clé une baisse de sa demande : 1° la spéculation boursière en Chine, dont la Bourse connaît des fluctuations considérables ; 2° le développement d'une bulle immobilière qui atteint des proportions inquiétantes (les autorités chinoises le reconnaissent), le tout reposant sur un endettement privé exponentiel, avec explosion des créances douteuses pouvant entraîner une fragilisation du système bancaire, essentiellement public. On peut ainsi craindre l'éclatement de plusieurs bulles en Chine[1], un événement dont on a du mal aujourd'hui à évaluer les retombées sur le reste du monde, y compris sur les PED.

Le fait de mentionner le danger que représentent l'important endettement interne chinois et le développement d'une énorme bulle immobilière suscite en général le scepticisme en raison d'une méconnaissance de la situation.

1. C'est ce qu'on appelle des crises gémelles, crise boursière et crise immobilière débouchant sur des krachs bancaires – ce qui s'est passé au Japon en 1990 et aux États-Unis en 2007-2008.

Qu'en est-il dans la réalité? En 2008, les autorités chinoises ont mis en œuvre un vaste plan de relance d'un montant de 4 000 milliards de yuans[1] (environ 12 % du PIB chinois). Cette mesure a entraîné une augmentation considérable des prêts accordés par les banques publiques aux entreprises publiques et aux administrations. Le total des nouveaux prêts accordés en 2009 a atteint 9 600 milliards de yuans (soit un peu plus de 1 000 milliards d'euros, environ 30 % du PIB chinois). C'est le double du montant que les banques chinoises avaient octroyé l'année antérieure. En 2010, le volume des nouveaux prêts devrait atteindre 7 000 milliards de yuans. Face à ce gonflement des prêts et à l'augmentation des risques d'éclatement d'une crise bancaire, les autorités chinoises ont exigé des banques qu'elles augmentent leur capital et les liquidités dont elles disposent.

Si les créances douteuses augmentent, c'est parce qu'une partie importante des crédits ont été octroyés pour satisfaire la volonté des autorités chinoises de réussir le plan de relance, sans que les institutions bancaires aient pris la peine de vérifier la solvabilité des emprunteurs ni la destination de l'argent prêté. Or une fraction non négligeable de cet argent a été utilisée pour des achats immobiliers qui ont gonflé encore un peu plus la bulle immobilière. Si celle-ci éclate, cela entraînera une énorme dépréciation d'actifs, ainsi que des faillites non seulement dans l'immobilier même, mais dans tous les secteurs qui ont participé au casino immobilier. Les ménages qui se sont parfois fortement endettés pour acquérir un bien immobilier se retrouveront en défaut de paiement.

1. 1 USD = 6,8 yuans; 1 euro= 9,4 yuans.

Au-delà de la situation chinoise, il sera très important de suivre l'évolution des taux d'intérêt dans les pays les plus industrialisés, car inévitablement ils vont un jour remonter. Depuis 2008-2009, en Amérique du Nord et dans l'Union européenne, les banques privées ont accès auprès des banques centrales à une ressource très peu coûteuse (taux bas). Une proportion très limitée de ces énormes liquidités leur permet de prêter aux entreprises qui investissent dans la production et aux ménages qui consomment, mais la majeure partie leur sert à spéculer[1] : sur les matières premières, sur les aliments (comme à la Bourse de Chicago), sur les titres de dette publique, sur les monnaies (le volume quotidien du marché des changes atteint 4 000 milliards de dollars)... Ainsi, le prix élevé des matières premières est dû à l'effet combiné de la demande chinoise et de la spéculation.

Les banques centrales des pays les plus industrialisés savent que de nouvelles bulles sont en formation et, selon le dogme néolibéral, elles devraient augmenter leurs taux afin de diminuer les liquidités en circulation. Mais elles hésitent à le faire, car dans ce cas il y aurait un nouveau risque de faillites de banques, de compagnies d'assurance, d'entreprises commerciales et industrielles, puisque toutes ont refinancé d'anciennes dettes par des nouvelles en profitant des faibles taux d'intérêt. Beaucoup d'entreprises ont aussi placé à moyen terme de l'argent emprunté à court terme. D'où les atermoiements actuels des banquiers centraux : si les taux restent bas, les nouvelles bulles continuent de se développer ; si les taux montent, ces bulles risquent d'éclater rapidement.

1. Voir Patrick Artus et Marie-Paule Virard, *La Liquidité incontrôlable. Qui va maîtriser la monnaie mondiale ?*, Paris, Pearson, 2010.

Si la bulle sur les matières premières éclate, on va observer une réduction de leurs prix. Si les taux d'intérêt montent, le coût du remboursement de la dette publique (et privée) augmentera au Nord comme au Sud. En résumé, si les taux finissent par remonter, les PED risquent d'être étranglés, le renchérissement du service de la dette se conjuguant avec une baisse des rentrées de devises due à une baisse du prix des matières premières.

Enfin, les flux de capitaux – très volatils – qui vont vers les Bourses des pays émergents peuvent très brutalement s'en détourner, fragilisant leur économie. C'est ce qu'on a vu se produire tout au long des années 1990 (crise tequila au Mexique en 1994-1995, crise asiatique en 1997-1998…). Aujourd'hui, l'Inde en est un exemple emblématique : entre janvier et septembre 2010, la Bourse indienne a attiré 34 milliards de dollars de placements étrangers, mais 5 milliards sont repartis au cours des deux premières semaines de novembre 2010. Les banquiers et autres investisseurs institutionnels occidentaux ont, comme on l'a dit dans la presse financière, pris leurs bénéfices en revendant une partie des actions qu'ils avaient achetées au cours des mois précédents.

S'ils n'y prennent garde, les PED risquent donc de se retrouver dans la situation qu'ils ont connue dans les années 1980. La hausse des taux d'intérêt décidée par la Réserve fédérale des États-Unis fin 1979 (suivie par les autres banques centrales des pays les plus industrialisés, puis par les banquiers privés) avait provoqué une hausse brutale des remboursements de dettes effectués par les PED, lesquels, dans le même temps, étaient confrontés à une diminution de leurs revenus d'exportation à la suite de la chute des prix des matières premières (ceux-ci ayant connu une nette tendance baissière de 1981 à 2003)[1].

Des arguments en faveur d'une action énergique sur la dette

Voilà pourquoi les gouvernements des pays en développement, sous la pression des mouvements sociaux, devraient profiter de la conjoncture favorable actuelle pour imposer aux différents créanciers une solution au problème de la dette. La plupart des PED disposent de réserves de change d'une ampleur jamais connue auparavant, ce qui leur permet de tenir la dragée haute aux différentes institutions financières étrangères ainsi qu'aux États les plus industrialisés qui peuvent menacer de fermer le robinet du crédit.

Argument supplémentaire en faveur d'une action énergique des PED en matière d'annulation de dettes notamment : du début de la crise au Nord en 2007-2008 jusqu'au deuxième trimestre 2010, les banques privées des pays les plus industrialisés ont effacé de leurs livres de comptes environ 1 600 milliards de dollars – et ce n'est pas fini – de créances douteuses liées à l'ahurissant montage financier construit au cours de la période 2004-2007. En comparaison, les créances que les banques privées détiennent sur les pouvoirs publics des PED représentent bien peu : 136 milliards de dollars, soit seulement 8,5 % de ces 1 600 milliards. Si les banquiers privés ont été capables d'annuler 1 600 milliards de dollars

1. Voir Damien Millet et Éric Toussaint, *60 questions, 60 réponses sur la dette, le FMI et la Banque mondiale*, Liège-Paris, CADTM-Syllepse, 2008, Question 11, p. 85.

de créances en moins de trois ans, on ne voit pas pourquoi les gouvernements du Sud ne pourraient pas leur imposer également un effort afin d'alléger leur fardeau de la dette extérieure publique.

Par ailleurs, le total des créances bilatérales des pays les plus industrialisés sur les pouvoirs publics des PED s'élève à 326 milliards de dollars à la fin 2009. Ce montant est faible si on le compare aux sommes déboursées en 2008-2010 par les gouvernements européens pour sauver leurs banquiers pyromanes à la suite de la crise financière – au total, 1 100 milliards d'euros (soit 1 446 milliards de dollars)[1]. Il faut aussi tenir compte des aides octroyées aux banquiers par le gouvernement des États-Unis, qui se sont élevées à plus de 700 milliards de dollars. Le total des aides européennes et étasuniennes en *cash* aux banquiers privés pour la période 2008-2010 s'élève donc à plus de 2 140 milliards de dollars, soit près de 7 fois le montant total des dettes bilatérales des PED auprès des pays les plus industrialisés. Après un audit complet, les gouvernements des PED devraient refuser le remboursement des dettes bilatérales identifiées comme illégitimes, celles-ci représentant de toute façon bien peu face aux cadeaux faits aux banquiers.

Enfin, les gouvernements des PED devraient également refuser la poursuite des remboursements des sommes réclamées par les institutions multilatérales (FMI, Banque mondiale, banques régionales de développement...), évaluées

1. Si l'on prend en compte également les garanties offertes par les gouvernements aux banques, on atteint la somme de 4 589 milliards d'euros d'aides publiques. Voir sur le site de la Commission européenne : http://europa.eu/rapid/pressReleasesAction.do?reference=IP/10/1635&format=HTML&aged=0&language=FR&guiLanguage=en.

à 490 milliards de dollars fin 2009, en faisant valoir que cette part multilatérale de leur dette a servi à leur imposer le consensus de Washington, dont les conséquences sociales, économiques et environnementales sont désastreuses et qui a ouvert la porte à des pratiques scandaleuses ayant mené à la crise actuelle.

Des avancées, certes encore modestes, ont été réalisées par certains gouvernements progressistes, en particulier en Amérique latine. Elles constituent une source d'inspiration.

On peut ajouter à ces arguments des considérations exprimées en termes de « dette écologique du Nord vis-à-vis du Sud ». Le développement industriel du Nord a en effet, depuis des siècles, largement reposé sur l'exploitation, par les entreprises et les États capitalistes du Nord, de ressources naturelles du Sud dont le Nord ne disposait pas en quantités suffisantes pour sa croissance économique. De même, aujourd'hui comme hier, les rejets et déchets du Nord, dont les gaz à effet de serre, sont beaucoup plus importants que ceux du Sud, avec des conséquences désastreuses… surtout au Sud.

La notion de dette écologique de certaines régions (ou classes sociales) du monde vis-à-vis d'autres régions ou d'autres classes repose sur une conception égalitaire de la justice environnementale. Lorsque des ressources essentielles, parfois vitales, deviennent rares, l'égalité des droits d'accès et d'usage devrait s'imposer. Rien ne justifie que les plus puissants accaparent plus de ressources clés que les autres. Et tant que, dans les faits, ils prélèvent plus que cette part égale, ils accumulent une dette écologique vis-à-vis des autres. Ces derniers sont fondés à en exiger le « remboursement », sous la forme de compensations diverses, monétaires ou non. Annuler les dettes publiques illégitimes de pays endettés du Sud, d'une part, ne serait qu'une modeste compensation de l'énorme ponction forcée sur leurs ressources naturelles, et, d'autre part, permettrait d'aller vers la reconnaissance des ressources naturelles comme des biens communs de l'humanité.

Les alternatives déjà mises en œuvre

1. Des audits de la dette publique sous contrôle citoyen

De nombreux mouvements sociaux soutiennent la réalisation d'audits (sous contrôle citoyen) afin de déterminer quelles dettes doivent être annulées/répudiées ou renégociées de manière drastique pour cause d'illégitimité, d'illégalité, et/ou pour leur caractère odieux. L'audit effectué en Équateur constitue un exemple dont on peut s'inspirer.

En effet, sept mois après avoir été élu, le président équatorien Rafael Correa a décidé de faire procéder à une analyse de la dette du pays et des conditions dans lesquelles elle s'était constituée. Une commission d'audit de la dette composée de 18 experts, dont le CADTM faisait partie, a ainsi été mise en place à partir de juillet 2007. Après plus d'une année de travail, un rapport a été remis. Il montrait notamment que de nombreux prêts avaient été accordés en violation des règles élémentaires. En novembre 2008, le nouveau pouvoir, prenant appui sur ce rapport, a décidé de suspendre le remboursement de la dette constituée de titres de la dette venant à échéance les uns en 2012, les autres en 2030. Finalement, le gouvernement de ce petit pays est sorti vainqueur d'une épreuve de force avec les banquiers nord-américains détenteurs de ces titres. Il a racheté pour moins de

1 milliard de dollars des titres valant 3,2 milliards. Le trésor public équatorien a ainsi économisé environ 2,2 milliards de dollars de stock de dette, auxquels il faut ajouter les intérêts à payer jusqu'en 2030. Au total, le «gain» s'élève à plus de 7 milliards de dollars. Cela a permis de dégager de nouveaux moyens financiers pour augmenter fortement les dépenses sociales en matière de santé, d'éducation, d'aide sociale, et de développer les infrastructures de communication. Alors qu'en 2006, avant le début du mandat de Rafael Correa, les dépenses sociales ne représentaient que 60 % du montant destiné au remboursement de la dette publique, en 2010 elles ont représenté 300 % du service de la dette.

2. Les «actes souverains» des États en matière de dette publique

Outre cette suspension unilatérale du remboursement de la dette par l'Équateur, il existe d'autres exemples récents, en particulier en Amérique latine, d'actes souverains visant à résister à la domination des institutions financières internationales, des créanciers privés, des entreprises transnationales ou des pays dominants.

Ainsi, en 2005, le Paraguay a répudié avec succès une dette illégale contractée auprès de banques suisses.

De son côté, l'Argentine, après avoir suspendu le remboursement de sa dette en 2001, a finalement pu la renégocier en 2005 à 45 % de sa valeur. Cette suspension de paiement n'avait pas été planifiée, mais elle a été bénéfique pour le pays. Comme l'écrit l'économiste argentin Claudio Katz : «Les représentants des milieux financiers disaient que l'isolement serait tragique, mais c'est tout le contraire qui s'est produit. La rupture des relations financières internationales a donné un grand bol d'air économique. L'absence de paiements externes a particulièrement contribué à impulser la reprise interne. Le défaut a facilité la négociation avec les créanciers, confirmant le fait que, lorsqu'une dette est élevée, c'est le problème des banquiers [1]. »

L'Argentine a toutefois encore une dette de 6 milliards de dollars auprès de membres du Club de Paris, qui représente les intérêts des pays industrialisés. Mais, à partir de décembre 2001, elle n'a plus procédé à aucun remboursement en direction des pays concernés. Le Club de Paris a évité de faire du bruit autour de cette affaire, craignant que d'autres gouvernements ne suivent l'exemple argentin. À noter que l'Argentine fait aujourd'hui partie du G20 et qu'elle est loin d'être marginalisée, malgré ses actes souverains unilatéraux. Le 16 novembre 2010, après neuf années de suspension unilatérale de paiement, elle a annoncé qu'elle avait convaincu le Club de Paris de reprendre le dialogue, ajoutant qu'elle avait réussi à imposer une condition préalable : le FMI ne devait pas être autorisé à donner son avis sur la politique économique du pays. Affaire à suivre.

3. La Constitution équatorienne : un modèle en matière d'endettement public [2]

En matière d'endettement, la Constitution équatorienne, adoptée au suffrage universel en septembre 2008,

1. Voir http://www.cadtm.org/Grece-2010-Argentine-2001.

2. La nouvelle Constitution de l'Équateur de 2008, mais aussi celle de la Bolivie, adoptée la même année, et celle du Venezuela, adoptée en 1999, contiennent d'autres éléments d'alternatives extrêmement intéressants. Nous vous conseillons de vous reporter au texte complet de ces constitutions.

représente une grande avancée que les autres pays peuvent prendre en exemple et mettre en pratique. En effet, ses articles 290 et 291 (voir encadré) déterminent et limitent strictement les conditions dans lesquelles les autorités peuvent contracter des emprunts. Ils rejettent la possibilité de l'emprunt pour payer d'anciennes dettes. Ils rejettent les dettes constituées par capitalisation des intérêts de retard (ce que l'on appelle *anatocisme*), pratique courante de la part des créanciers membres du Club de Paris. Ils avertissent les prêteurs que, s'ils octroient des prêts dans des conditions illégitimes, ceux-ci seront remis en cause. Ils considèrent comme imprescriptibles les délits qui concernent l'endettement public. Ils excluent la possibilité que l'État assume la dette des banquiers privés ou d'autres entités privées. Ils prescrivent la mise en place d'un mécanisme d'audit intégral et permanent de l'endettement public interne et externe.

> *Art. 290* – L'endettement public sera soumis aux règles suivantes :
> 1. On ne recourra à l'endettement public que si les rentrées fiscales et les ressources provenant de la coopération internationale sont insuffisantes.
> 2. On veillera à ce que l'endettement public n'affecte pas la souveraineté nationale, les droits humains, le bien-être et la préservation de la nature.
> 3. L'endettement public financera exclusivement des programmes et projets d'investissement dans le domaine des infrastructures, ou des programmes et projets qui génèrent des ressources permettant le remboursement. On ne pourra refinancer une dette publique déjà existante qu'à condition que les nouvelles modalités soient plus avantageuses pour l'Équateur.

> 4. Les accords de renégociation ne contiendront aucune forme tacite ou expresse d'anatocisme ou d'usure.
> 5. Les dettes déclarées illégitimes par un organisme compétent seront remises en cause. En cas de dettes déclarées illégales, on exercera le droit de récupération des sommes liées aux dommages qu'elles ont entraînés.
> 6. Les actions en responsabilité administrative ou civile en matière de contraction ou de gestion de dette publique seront imprescriptibles.
> 7. L'« étatisation » des dettes privées est interdite.
> [...]
>
> *Art. 291* – Les organes compétents, déterminés par la Constitution et la loi, réaliseront au préalable des analyses financières, sociales et environnementales de l'impact des projets afin de déterminer la possibilité de financement. Ces organes procéderont également au contrôle et à l'audit financier, social et environnemental à chaque phase de l'endettement public interne et externe, tant dans la phase du contrat que dans celles de la gestion et de la renégociation.

4. Des initiatives d'intégration régionale sont en marche

– L'ALBA (Alliance bolivarienne pour les Amériques) est un projet d'intégration alternative proposé en 2003 par le président du Venezuela, Hugo Chávez, en réponse à l'ALCA (Zone de libre-échange des Amériques), initiative lancée en son temps par le président étasunien Bill Clinton. Opérationnelle depuis 2004, elle rassemble maintenant le Venezuela, Cuba, la Bolivie, le Nicaragua, la Dominique, Saint-Vincent-et-les-Grenadines, l'Équateur, Antigua-et-

Barbuda. Les perspectives d'intégration incluent des projets dans plusieurs domaines tels que la finance, l'éducation, les infrastructures, la science et la technologie, l'énergie, l'environnement, etc. L'initiative la plus importante à ce jour est celle de Petrocaribe, qui fournit du pétrole vénézuélien à des conditions abordables pour le reste des pays membres. À son apogée en 2008, la valeur totale des exportations de pétrole vénézuélien aux partenaires de Petrocaribe a atteint 10 milliards de dollars.

L'ALBA veut donner un contenu de justice sociale au projet d'intégration continentale, avec pour objectifs la récupération du contrôle public sur les ressources naturelles de la région et sur les grands moyens de production, de crédit et de commercialisation, le nivellement par le haut des acquis sociaux des travailleurs et des petits producteurs, ainsi que la réduction des inégalités entre les économies de la région. Réunie en sommet à Cochabamba, en Bolivie, le 17 octobre 2009, l'ALBA a adopté le traité constitutif du SUCRE (Système unifié de compensation régionale [1]), une unité de compte qui sera utilisée pour les échanges commerciaux entre les pays de l'Alliance. L'objectif, clairement affiché dans la déclaration finale signée par les chefs d'État, est de faire du **SUCRE** un « instrument pour conquérir la souveraineté monétaire et financière », et de parvenir à « l'élimination de la dépendance

1. La décision de principe de créer une nouvelle monnaie, le SUCRE, a été entérinée le 16 avril 2009 à Cumaná, au Venezuela, par les principaux dirigeants de l'ALBA. Le SUCRE servira essentiellement d'unité de compte pour régler les échanges commerciaux entre les pays qui y auront souscrit. Il pourrait préfigurer une véritable monnaie commune. Il doit son nom au héros de l'indépendance sud-américaine, Antonio José de Sucre (1795-1830).

vis-à-vis du dollar US dans le commerce régional, [à] la réduction des asymétries et [à] la consolidation progressive d'une zone de développement partagé[1] ». Un premier pas vers la naissance d'une monnaie commune[2] ?

– La Banque du Sud, mise en chantier en 2007 par sept pays d'Amérique du Sud (Argentine, Bolivie, Brésil, Équateur, Paraguay, Uruguay, Venezuela), consiste à les doter d'une institution multilatérale publique qui financera des projets favorisant l'intégration et la réduction des asymétries entre pays[3]. Dans les accords souscrits entre les sept gouvernements, on parle de souveraineté en matière alimentaire et énergétique, sur les ressources naturelles, le savoir et la santé (les projets financés devant y concourir). Malheureusement, la Banque du Sud n'a pas encore commencé ses activités.

Toutes les mesures évoquées ne sont que des exemples des politiques à mettre en œuvre pour rompre avec les politiques néolibérales. Elles montrent que les alternatives à la soumission par la dette existent et que la conjoncture est favorable pour les PED. Cela risque fort de ne pas durer, d'où l'urgence pour les mouvements sociaux et les citoyens soucieux de justice sociale d'accroître fortement la pression sur les dirigeants du Sud. Dans ce combat, ils pourraient recevoir le soutien de nombreuses organisations du Nord, puisque, à la

1. Déclaration finale du sommet de l'ALBA (en espagnol) sur http://alainet.org/active/33762.

2. Si le SUCRE doit être mis en place graduellement à partir de 2010, aucun échéancier n'a été suggéré à Cochabamba pour un passage à terme à une monnaie unique.

3. Voir Éric Toussaint, *Banque du Sud et nouvelle crise internationale*, Liège-Paris, CADTM-Syllepse, 2008.

suite de la crise internationale déclenchée en 2007-2008, les populations des pays industrialisés sont elles aussi soumises par une dette colossale. Si les conditions sont bien différentes de celles des pays d'Amérique latine, les expériences latino-américaines les plus avancées devraient cependant être analysées dans les pays du Nord (ainsi qu'en Afrique et en Asie, bien sûr), car certaines d'entre elles, à commencer par l'audit et la suspension unilatérale du remboursement de la dette, constituent des outils pour contribuer à résoudre le problème de l'endettement et pour empêcher de nouvelles régressions sociales.

CHAPITRE 2

La dette publique avant la crise, en France et en Europe

La crise financière a vu l'explosion des déficits budgétaires et le gonflement des dettes publiques. Mais les questions de la dette publique et du déficit public ne sont pas apparues avec la crise. Elles ne sont pas nouvelles dans le débat public. Derrière elles se profile la question des dépenses publiques, de leur contenu et des moyens de les financer. La dette publique représentait en France 58,8 % du PIB en 1999. Si ce poids a diminué durant les années 2000 et 2001, période de croissance soutenue, il a par la suite augmenté régulièrement pour atteindre 63,8 % en 2007. Le déficit public a suivi une évolution parallèle, passant de 1,8 % du PIB en 1999 à 2,7 % en 2007.

Cette situation a donné lieu à une multiplication des discours visant à préparer l'opinion à une réduction des dépenses publiques. Ainsi, en 2005, dans la lettre de mission envoyée à Michel Pébereau, président de BNP Paribas, pour lui commander un rapport sur la dette publique, le ministre des Finances de l'époque, Thierry Breton, affirmait : « La France a des atouts très importants dans la compétition mondiale mais vit désormais au-dessus de ses moyens après avoir accumulé des déficits publics considérables depuis vingt-cinq ans. » Cette antienne est reprise par le Premier ministre François Fillon, qui, en septembre 2007 – un an avant que la crise financière n'atteigne son paroxysme –, déclare : « Je suis à la tête d'un État qui est en situation de faillite sur le plan financier. »

Le rapport Pébereau a résumé la doxa néolibérale : « Ce sont fondamentalement nos pratiques politiques et collectives, notamment notre préférence pour la dépense publique, qui sont à l'origine de notre situation financière actuelle[1]. » Nous allons voir que la réalité est tout autre.

Une explosion des dépenses publiques ?

Les dépenses publiques françaises sont celles engagées par l'ensemble des administrations publiques (APU). Elles comprennent trois volets : les dépenses des administrations publiques centrales (APUC)[2], dont celles de l'État ; les dépenses des administrations publiques locales (APUL), qui regroupent l'ensemble des collectivités territoriales ; et les dépenses des administrations de sécurité sociale (ASSO), qui rassemblent les hôpitaux, l'ensemble des régimes de sécurité sociale, les régimes de retraite complémentaire obligatoire ainsi que l'assurance chômage.

Le point le plus haut en matière de dépenses publiques a été atteint en 1993 avec 55 % du PIB[3]. Depuis, on observe

1. Michel Pébereau, *Rompre avec la facilité de la dette publique*, Paris, La Documentation française, 2006.

2. Les APUC comprennent, outre les administrations centrales de l'État, les organismes divers d'administration centrale (ODAC), comme le CNRS.

3. Muriel Pucci et Bruno Tinel, « Réduction d'impôts et dette publique : un lien à ne pas occulter », http://www.ofce.sciences-po.fr/pdf/documents/etudes2010/19.pdf.

une tendance régulière à la baisse : en 2007, les dépenses des administrations publiques se sont élevées à 1 027 milliards d'euros, soit 52,3 % du PIB [1]. Contrairement, donc, à ce qu'affirment les néolibéraux, il n'y a eu aucune explosion des dépenses publiques au cours des dernières années.

Mais cette stabilité globale ne doit pas cacher de profondes évolutions. Ainsi, la part des dépenses de l'État dans le PIB a baissé : elle est passée de 25,5 % du PIB en 1993 à un peu moins de 20 % en 2008 [2]. À l'opposé, on a assisté à un gonflement des dépenses des collectivités locales (APUL), comme le montre le graphique 2-1.

Graphique 2-1 : La dépense des APUL

(en milliards d'euros courants)

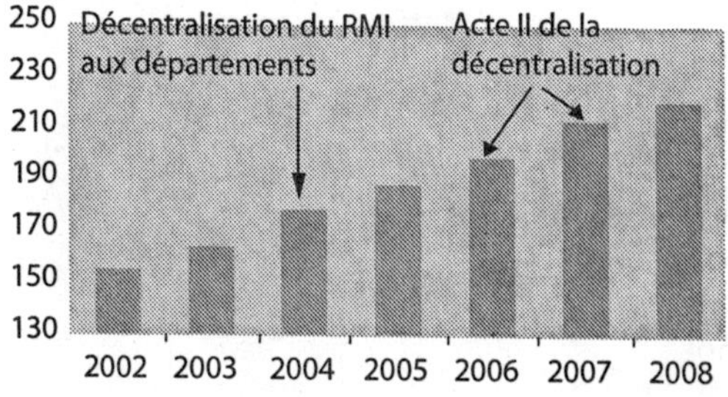

Source : Projet de loi de finances pour 2010, *Rapport sur la dépense publique et son évolution.*

1. Projet de loi de finances pour 2010, *Rapport sur la dépense publique et son évolution.*
2. *Ibid.*

Ce sont là des conséquences directes des lois de décentralisation qui ont transféré aux collectivités locales de multiples dépenses relevant autrefois du budget de l'État : bâtiments scolaires, réseau routier, logements sociaux, gestion du RMI (revenu minimum d'insertion), etc. Certes, l'État a aussi transféré aux collectivités locales un certain nombre de recettes, mais celles-ci ne couvrent pas les dépenses. On assiste aussi à un gonflement important des dépenses liées à la protection sociale, y compris la santé (ASSO), dépenses qui, selon l'INSEE, représentaient 55 % des dépenses publiques en 2009 (voir le graphique 2-2). Entre 1980 et 2005, l'augmentation des dépenses de protection sociale a représenté 70 % de le la hausse des dépenses publiques [1].

Graphique 2-2 : La dépense des ASSO

(en milliards d'euros courants)

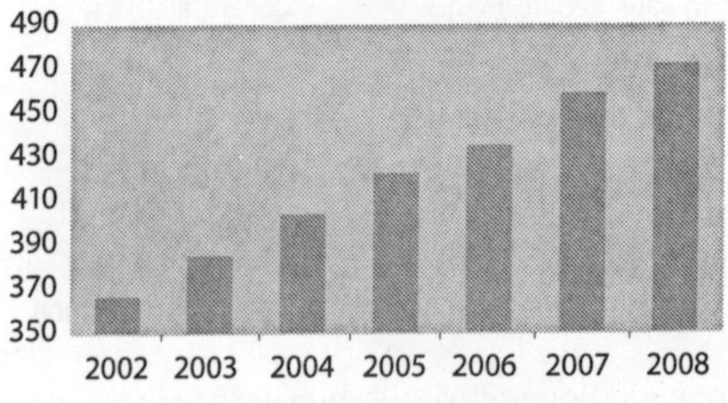

Source : Projet de loi de finances pour 2010, *Rapport sur la dépense publique et son évolution.*

1. Jérôme Creel, Mathieu Plane et Henry Sterdyniak, *Faut-il réduire la dette publique ? Faut-il réduire les dépenses publiques ?*, France 2012/ OFCE, http://www.ofce.sciences-po.fr/pdf/ebook/ebook22.pdf.

On se trouve là face à un paradoxe qui mérite d'être expliqué. Depuis des années, les attaques contre la protection sociale se multiplient. On a assisté à un processus de privatisation partielle et à un recul des droits. On pourrait donc s'attendre à constater une baisse des dépenses. Pourtant, le poids de la protection sociale a augmenté, puisqu'elle est passée de 19,9 % du PIB en 1980 à 25,9 % en 2009.

Ce fait s'explique par la tendance à l'accroissement des besoins et par la résistance des populations. Les gouvernements ont été bien obligés de prendre un certain nombre de mesures pour répondre à l'urgence sociale. La protection sociale a d'ailleurs été l'un des éléments qui ont permis d'éviter l'enclenchement d'une spirale dépressive en 2009 en maintenant un minimum de pouvoir d'achat pour les ménages. Bref, l'État social ne s'est pas laissé si facilement détruire. La France est encore l'un des pays européens où le niveau de protection sociale est le plus élevé, et ce malgré les tentatives récurrentes de remise en cause.

Qu'en est-il du poids des dépenses publiques dans les autres pays développés ? Il est très variable. En 2006, les dépenses publiques dans l'Union européenne (UE) représentaient 47,6 % du PIB contre 33,3 % pour les États-Unis et 33,7 % pour le Japon. Au sein de l'UE, les différences sont aussi très marquées (voir graphique 2-3). Le Centre d'analyse stratégique[1] indique ainsi que huit pays ont un niveau de dépenses publiques supérieur à la moyenne européenne, dix un niveau compris en 40 et 46,6 % du PIB et sept un niveau inférieur à 40 % du PIB.

1. Centre d'analyse stratégique, *Tableau de bord des dépenses publiques de l'UE et de ses États membres*, juin 2009.

Graphique 2-3 : Dépenses publiques totales par État membre en 2006

(en % du PIB)

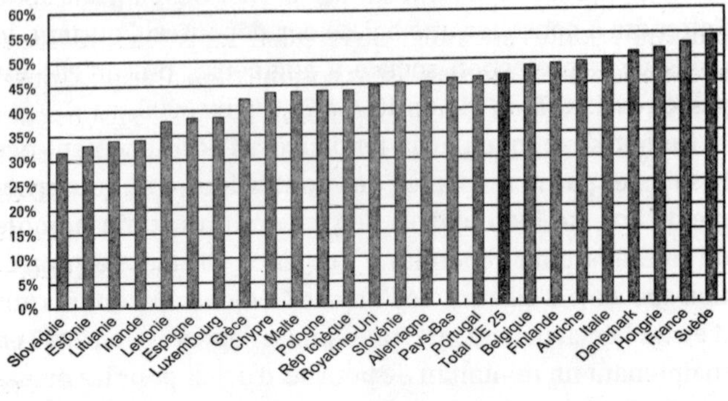

Source : Centre d'analyse stratégique.

Ces disparités s'expliquent par divers facteurs, à commencer par des degrés variables de socialisation de certaines dépenses publiques. Ainsi, la dépense en matière de santé est plus importante aux États-Unis (15 % du PIB) qu'en France (10 %) ou en Allemagne (11 %), mais elle relève en grande partie de la dépense privée. La part de ces dépenses financée par les prélèvements obligatoires est beaucoup plus faible aux États-Unis (44 %) qu'en France (76 %) ou en Allemagne (78 %). Au-delà, ces disparités recoupent des choix politiques en matière de protection sociale. En 2006, celle-ci représentait 18,2 % du PIB dans l'UE, contre 5,3 % aux Etats-Unis et 11,4 % au Japon.

Au sein de l'Union, des pays de niveau de développement comparable peuvent avoir un niveau de dépenses publiques différent. Les raisons en sont d'abord techniques. Ainsi, le personnel hospitalier allemand n'entre pas dans la sphère publique, contrairement à son homologue français, ce qui explique que les dépenses en matière de personnel soient plus importantes en France qu'en Allemagne. Mais, même si elles ne sont pas comptabilisées comme dépenses publiques, ces dépenses n'en existent pas moins. D'autres raisons sont plus politiques, comme le fait que les dépenses en matière de défense ou de logement représentent un point de PIB de plus en France qu'en Allemagne. Il est donc très difficile de faire des comparaisons internationales sans analyser concrètement ce que recoupent les chiffres.

Dans l'Union à 15, on observe une stabilité globale des dépenses de protection sociale, mais celle-ci cache une grande diversité de situations. Si de nombreux pays voient leurs dépenses de protection sociale augmenter, comme l'Espagne, l'Italie, l'Irlande, le Portugal ou encore les Pays-Bas, un certain nombre d'autres les voient au contraire baisser, telle l'Allemagne, avec 29,2 % du PIB en 1999 contre 27,7 % en 2007 (prix courants). Dans ce cas précis, la baisse est la conséquence directe des attaques menées contre les droits des salariés par le gouvernement Schröder avec les réformes dites « Hartz » à partir de 2003.

On le voit, les dépenses publiques n'ont pas explosé en France, et une évaluation honnête de ce qui se passe dans des pays comparables montre que, toutes choses égales par ailleurs, notre pays ne connaît pas un problème spécifique. En fait, focaliser le débat sur les dépenses publiques permet d'éviter de poser la question centrale des recettes fiscales.

Une contre-révolution fiscale[1]

Depuis environ un quart de siècle, on assiste à une baisse de la fiscalité des entreprises, principalement des plus grandes, en particulier les multinationales, ainsi que des ménages les plus riches. Tous les gouvernements, quelle que soit leur couleur politique, ont mis en œuvre cette orientation. L'impôt sur le revenu, qui est l'impôt le plus juste parce que progressif, l'est en fait de moins en moins. Il comportait 13 tranches jusqu'en 1986 ; il en comporte 5 depuis 2007. Le taux marginal d'imposition, c'est-à-dire le taux d'imposition de la tranche de revenu la plus élevée, était de 65 % il y a vingt ans ; il est actuellement de 41 %. Si le barème de 1999 avait été maintenu, l'impôt sur le revenu rapporterait aujourd'hui 15 milliards d'euros supplémentaires chaque année[2].

À cette baisse du nombre de tranches et du taux marginal s'ajoute la multiplication des niches fiscales qui permettent de réduire ou même d'éviter l'impôt. Il en existe environ 500 dans le système fiscal français, tous impôts confondus, pour un montant de 75 milliards d'euros en 2010, les niches de l'impôt sur le revenu représentant 40 milliards d'euros. À cela se superpose le dispositif du bouclier fiscal – 679 millions d'euros en 2009[3] –, qui concerne un peu plus de 18 000 personnes et qui profite essentiellement aux ménages les plus riches payant l'impôt de solidarité sur la fortune (ISF). Ainsi, en 2009, 979 contribuables ont reçu en moyenne

1. Sur ce point, voir Attac (V. Drezet), *Pour un «big bang fiscal»*, Éditions Le Bord de l'eau, 2010. Sauf indication contraire, les chiffres donnés dans cette section sont tirés de cet ouvrage.

2. Ce chiffre s'entend toutes choses égales par ailleurs.

3. *Le Monde*, 16 septembre 2010.

376 134 euros au titre de ce dispositif. N'oublions pas non plus les autres mesures favorables essentiellement aux ménages les plus riches, comme le prélèvement libératoire de certains revenus du patrimoine ou la quasi-suppression des droits de succession.

L'impôt sur les sociétés a connu une évolution similaire. Il s'agit d'un impôt sur les bénéfices qui, contrairement à l'impôt sur le revenu, n'est pas progressif. Son taux est aujourd'hui de 33,3 %[1], contre 45 % en 1986. Il comporte nombre de mesures dérogatoires, qui s'élevaient en 2007 à 27 milliards d'euros. Ces mesures s'appliquent pour l'essentiel aux grandes entreprises. Ainsi, le taux implicite (réel) d'imposition est de 28 % pour les très petites entreprises, de 13 % pour celles qui emploient plus de 2 000 salariés et de seulement 8 % pour les entreprises du CAC40.

Tous ces dispositifs ont non seulement entraîné un accroissement considérable des inégalités sociales, mais mis à sec les finances publiques. Les recettes de l'État représentaient 15,1 % du PIB en 2009 contre 22,5 % en 1982. Autrement dit, l'État s'appauvrit relativement. Cet appauvrissement est d'autant plus problématique que c'est au niveau de l'État que se concentrent les déséquilibres des finances publiques. En effet, les dépenses et les recettes des collectivités locales et des organismes de sécurité sociale ont progressé à peu près au même rythme sur la période précédant la crise[2], même si des déficits conjoncturels peuvent apparaître. C'est donc

1. Il existe un taux réduit de 15 % qui s'applique sous conditions à certaines PME.

2. Muriel Pucci et Bruno Tinel, «Réduction d'impôts et dette publique : un lien à ne pas occulter», *op. cit.*

le manque de recettes de l'État, et non un emballement des dépenses, qui est une cause essentielle du déficit public et de l'accroissement de la dette publique (voir le graphique 2-4).

Graphique 2-4 : Évolution des dépenses (totales et hors intérêts) et des recettes de l'État

(en % du PIB)

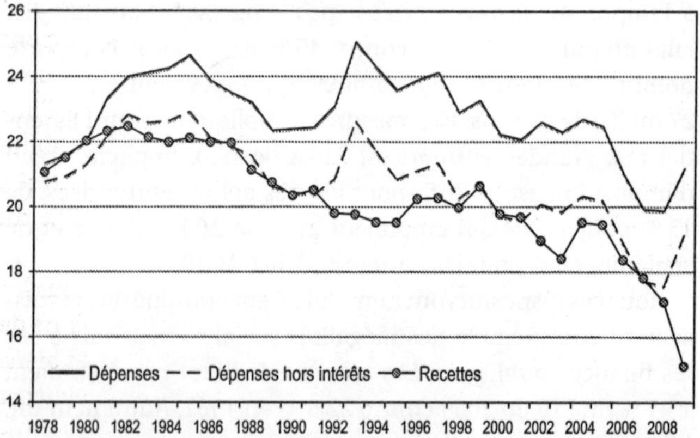

Source : Muriel Pucci et Bruno Tinel, « Réduction d'impôts et dette publique : un lien à ne pas occulter », http://www.ofce.sciences-po.fr/pdf/documents/etudes2010/19.pdf.

Le rapport d'information déposé par le député UMP Gilles Carrez en juillet 2010 dans le cadre du débat d'orientation budgétaire fournit des éléments qui permettent d'évaluer l'impact de « dix années de pertes de recettes non compensées [1] ». On a ainsi pu calculer que, en l'absence des cadeaux

1. http://gesd.free.fr/carrez10.pdf.

fiscaux, le déficit budgétaire aurait été en 2009 de 3,3 % au lieu de 7,5 %, et que la France aurait même alors connu un léger excédent budgétaire en 2006, 2007 et 2008 [1].

Une logique imparable est donc à l'œuvre. Les ménages les plus riches bénéficient d'allégements fiscaux importants, que ce soit en matière d'impôt sur le revenu ou d'imposition du patrimoine et de ses revenus. Ils dégagent ainsi des liquidités qu'ils peuvent prêter à l'État, lequel en a justement besoin à cause de ces allégements fiscaux et leur verse pour cela une rétribution. Ils touchent donc un double « dividende » : moins d'impôts, plus de rente. On mesure l'impact financier des intérêts versés aux détenteurs de la dette quand on sait que, en l'absence de tout versement d'intérêt, le stock de la dette publique n'aurait été que de 17,7 % du PIB en 2008 [2].

Des évolutions fiscales similaires ont eu lieu dans tous les pays européens (voir le tableau 2-1). Depuis l'Acte unique de 1986, qui instaurait un marché unifié des capitaux, des biens et des services, la concurrence entre les systèmes sociaux et fiscaux est l'axe autour duquel tourne la construction européenne. Le dumping fiscal devient donc la règle en Europe, et cette tendance se retrouve au niveau mondial.

1. Michel Husson, « Déficit public et cadeaux fiscaux », Note hussonet n° 17, septembre 2010.

2. *Ibid.*

Tableau 2-1 : Taux d'imposition de la tranche de revenus la plus élevée

Pays	1986	2007
France	65 %	40 %
Allemagne	53 %	47,5 %
Belgique	72 %	50 %
Espagne	66 %	43 %
Italie	62 %	43 %
Pays-Bas	72 %	52 %
Royaume-Uni	60 %	40 %

Sources : SNUI, *Pour un serpent fiscal européen*, Paris, Syllepse, 2005, et Attac, *Pour un « big bang fiscal »*, Éditions Le Bord de l'eau, 2010.

Graphique 2-5 : Taux moyen d'imposition des sociétés 1993-2010

(en %)

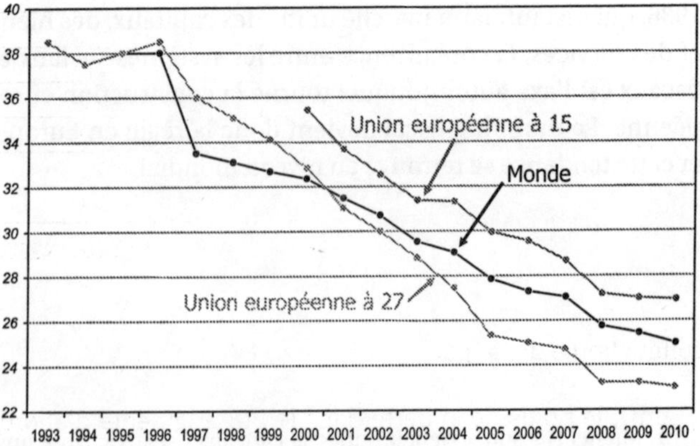

Source : KPMG.

Le constat est donc sans appel : les ménages les plus riches et les entreprises sont de moins en moins imposés. Ainsi, la Grèce, dont la dette a explosé avec les conséquences que l'on sait, a fait passer son impôt sur les sociétés de 40 % à 24 % en une décennie. Mais le record en la matière est détenu par l'Irlande, qui a vu cet impôt chuter de 50 % à 12,5 % entre 1986 et 2006. Les retombées de ce dumping social sont les mêmes qu'en France. On assiste à une tendance à la baisse du poids des recettes fiscales dans le PIB des différents pays de l'Union – même si ces chiffres sont à relativiser car sensibles au taux de croissance.

Tableau 2-2 : Poids des recettes fiscales en % du PIB

Pays	1997	2007
France	46	43,3
Allemagne	42,2	39,5
Autriche	46,1	42,1
Belgique	47	44
Irlande	33,9	31,2
Italie	44,2	43,3
Pays-Bas	40,8	38,9
Royaume-Uni	36,8	36,3
Suède	51,4	48,3

Source : INSEE.

L'effet « boule de neige »

Ainsi, le poids de la dette dans le PIB augmente d'abord parce que les recettes de l'État baissent alors que ses dépenses sont stables ou augmentent, la différence entre recettes et dépenses constituant le déficit primaire. Mais un autre élément entre en ligne de compte : le paiement des intérêts de la dette, et donc la hauteur des taux d'intérêt.

En 1979 se produit un tournant dans la politique des taux d'intérêt. Au prétexte de lutter contre l'inflation, la banque centrale des États-Unis, la Fed, décide d'augmenter brusquement son taux d'intérêt. Le taux d'intérêt réel (une fois décomptée l'inflation) passe alors de 1,8 % en 1980 à 8,6 % en 1981. Cette mesure apparemment technique va avoir des conséquences politiques considérables. Elle va d'abord accroître considérablement la charge de la dette des pays du Sud (voir chapitre 1). Elle sera aussi un élément déterminant dans le processus de financiarisation : pourquoi investir dans l'économie productive quand il suffit d'attendre le versement de sa rente ? Elle marque enfin le point de départ de l'offensive néolibérale : l'objectif central des politiques économiques n'est plus la croissance et l'emploi, mais la lutte contre l'inflation.

Une étude du Sénat pointe parfaitement le problème qui s'est ensuivi : « Le niveau élevé du coût moyen réel de la dette depuis la seconde moitié des années 1980 résulte en grande partie du haut niveau des taux d'intérêt réels. Le coût moyen réel est supérieur au taux de croissance réelle depuis la seconde moitié des années 1980 et contribue ainsi au renforcement du poids de l'endettement public[1]. » Entre 1980 et 1995, le taux d'intérêt réel (représenté par la différence entre le taux nominal, qui dépend de la politique des banques centrales, et le taux d'inflation) devient donc supérieur au taux de croissance (voir le graphique 2-6). Mécaniquement,

1. http://www.senat.fr/rap/r98-413/r98-4134.html.

le poids de la dette dans le PIB augmente. C'est l'effet « boule de neige ».

Graphique 2-6 : L'effet boule de neige

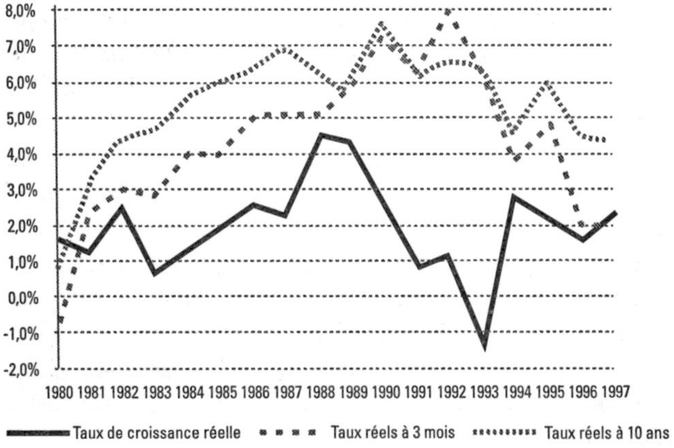

Source : Sénat.

En France, entre 1981 et 2003, plus de la moitié de l'accroissement du ratio dette/PIB est due à l'effet « boule de neige[1] » (voir le graphique 2-7). De plus, on a pu calculer que, en l'absence d'effet boule de neige, et même avec les intérêts, le stock de la dette publique aurait été en 2008 de 43,8 % du PIB au lieu de 67,4 %[2].

1. Michel Husson, « Dette publique, rente privée », *hussonet.free.fr/detpub7.pdf*, avril 2006.

2. Muriel Pucci et Bruno Tinel, « Réduction d'impôts et dette publique : un lien à ne pas occulter », *op. cit.*

Graphique 2-7 : Les composantes du ratio de la dette (dette/PIB)

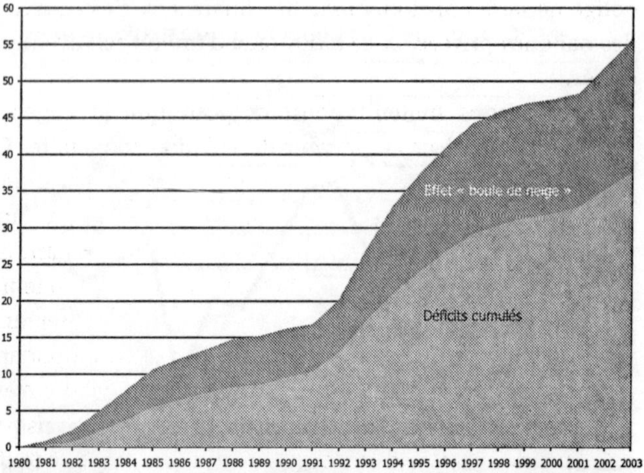

Source : Michel Husson, « Dette publique, rente privée », http://hussonet.free.fr/detpub7.pdf, avril 2006.

La mainmise des marchés financiers

L'accroissement de la dette publique repose sur le fait que les États européens sont obligés d'emprunter sur les marchés financiers. En France, une réforme de la Banque de France est votée en 1973 sous l'impulsion de Valéry Giscard d'Estaing, ministre des Finances de Georges Pompidou[1]. Elle interdit au Trésor public d'emprunter directement à la Banque de France à des taux d'intérêt nuls ou très faibles. La Banque de

1. Loi n° 73-7 du 3 janvier 1973.

France ne peut donc plus financer les déficits publics par de la création monétaire. Le gouvernement français est dès lors obligé de faire appel aux marchés financiers, c'est-à-dire à des banques privées, et ce à des taux d'intérêt relativement élevés.

Deux raisons militent pourtant pour que la collectivité puisse maîtriser ce pouvoir de création monétaire. La première est qu'une économie qui se développe exige une quantité de monnaie supplémentaire pour permettre l'investissement net, et cela en sus des sommes provenant de l'impôt. La seconde est que l'investissement public joue un rôle décisif pour réorienter les activités afin d'assurer une reconversion écologique de l'économie tout en répondant aux besoins sociaux. Cependant, la création monétaire n'est pas sans risque, notamment en matière d'inflation. Le risque est d'autant plus grand qu'un gouvernement peut être tenté d'y avoir recours au lieu de prendre des mesures impopulaires pour sa base électorale, comme celle d'accroître les recettes fiscales. La maîtrise de la politique monétaire suppose un contrôle démocratique de tous les instants.

Ces raisons et cette dernière condition sont aux antipodes des dogmes néolibéraux. La loi de 1973 n'instaure pas un contrôle démocratique sur la création monétaire ; au contraire, elle en supprime toute possibilité pour le financement des déficits publics, et elle met les gouvernements entre les mains des marchés financiers. Il s'agit d'un acte fondateur (mais destructeur), dans la mesure où il permet l'emprise des marchés financiers sur les États. Cette disposition sera intégralement reprise lors de la création de la Banque centrale européenne (BCE). L'article 101 du traité de Maastricht[1], qui figure à l'identique dans le traité de Lisbonne, indique ainsi : « Il est interdit à la BCE et aux banques centrales des États membres [...] d'accorder des découverts ou tout autre type de crédit aux institutions ou organes de la Communauté, aux administrations centrales, aux autorités régionales, aux autres autorités publiques[2]. » L'UE se place donc volontairement au service des marchés financiers.

On le voit, l'accroissement de la dette n'a rien à voir avec une quelconque explosion des dépenses publiques – cette prétendue « préférence pour la dépense publique » que dénoncent le Medef et le gouvernement –, mais tout à voir avec les politiques néolibérales menées depuis plus d'un quart de siècle. Ce sont la réduction des recettes et la politique monétaire combinée au recours aux marchés financiers qui sont à la source du gonflement de la dette publique, et ce avant même l'éclatement de la crise financière.

1. Il s'agit du Traité instituant la communauté européenne.
2. Article 123 du Traité sur le fonctionnement de l'Union européenne.

CHAPITRE 3

Les dettes et la crise

Tous les pays, quelle qu'ait pu être leur situation antérieure, ont vu leurs budgets se dégrader avec la crise. Cela n'a rien de surprenant dans la mesure où les dépenses et les recettes d'un État ne réagissent pas de manière symétrique à un tel choc. Si les recettes ont plutôt tendance à baisser ou à monter en proportion de l'activité, les dépenses, elles, en l'absence de politique budgétaire spécifique, sont relativement inertes, car elles sont programmées et donc pas directement indexées sur la croissance. Ainsi, le déficit varie en phase avec l'activité économique : il se réduit ou augmente mécaniquement selon que la conjoncture est bonne ou se dégrade, avec éventuellement un décalage. En 1998, on avait parlé de « cagnotte » parce que la conjoncture s'était révélée plus favorable que les hypothèses sur lesquelles avait été construit le budget, procurant un supplément de recettes fiscales inattendu. C'est pourquoi les économistes ont introduit la notion de déficit structurel, obtenu en éliminant ce qui peut être attribué, de manière plus ou moins conventionnelle, à la conjoncture.

La conjoncture joue sur le budget, mais, en sens inverse, la politique budgétaire peut être utilisée pour régler la conjoncture. En période de ralentissement, la bonne idée est d'augmenter les dépenses publiques pour soutenir la conjoncture : on parle alors de politique contra-cyclique. Il serait absurde de faire le contraire – de mener une politique pro-cyclique, qui aurait pour effet de freiner encore plus l'activité économique.

L'impact de la crise[1]

L'effet de la crise actuelle sur les déficits publics ne doit donc pas surprendre. En France, les recettes de l'État ont ainsi baissé de 51 milliards d'euros entre 2007 et 2009, soit une chute de 15 % ! La TVA a reculé de 7,5 milliards et l'impôt sur le revenu de 2,8 milliards. Mais la principale perte de recettes provient de l'impôt sur les sociétés, qui est passé de 51 à 21 milliards sur cette période. De leur côté, les dépenses ont augmenté de 27 milliards d'euros, ce qui, compte tenu des pertes de recettes, conduit à un déficit accru de 78 milliards d'euros. La crise a donc creusé le déficit de 4 points de PIB supplémentaires. Avec ce résultat pour 2009 : les dépenses de l'État ne sont plus couvertes qu'à 71 % par ses recettes.

Il faut ensuite y regarder de plus près. Pendant la crise, un certain nombre de mesures ont été prises pour éponger son impact. On a d'abord utilisé les stabilisateurs sociaux – on entend par là tous les dispositifs qui garantissent les revenus

1. Cette section, ainsi que les suivantes, s'appuient sur Antoine Math, « La généralisation à tous les pays des plans d'austérité : une rigueur budgétaire très inégale », *Chronique internationale de l'Ires*, n° 127, novembre 2010, http://gesd.free.fr/math1271.pdf.

ou procurent un revenu de remplacement indépendamment de l'activité économique. Dans plusieurs pays, ces dispositifs ont été étendus de manière à améliorer leur rôle de filet de sécurité. Il y a eu aussi des plans de relance consistant à augmenter les dépenses ou à réduire un certain nombre de recettes.

Les gouvernements ont injecté des masses d'argent souvent considérables, ou pris des engagements à le faire, pour renflouer les banques et autres institutions financières menacées de faillite. Ces sommes figurent évidemment au budget. L'exemple le plus frappant en la matière est celui de l'Irlande. Dans tous les cas, le bilan n'est pas facile à faire, car ces différentes mesures peuvent se recouper en partie ou être très provisoires.

Avant la crise, la situation globale était saine en Europe : le déficit représentait moins d'un point de PIB. Il y avait bien sûr des écarts. Ainsi, la France, le Royaume-Uni ou le Portugal avaient un déficit de 2,7 à 2,8 % de PIB, donc proche de la barre fatidique des 3 %. Seules la Grèce, avec un déficit de 6,7 %, et la Hongrie, avec 5 %, étaient déjà dans une position fragile. Mais le budget de l'Irlande était équilibré, et l'Espagne était excédentaire de 1,9 % de PIB. Ce constat est important : à l'exception de la Grèce, les finances publiques étaient sous contrôle avant l'éclatement de la crise financière et économique. C'est donc bien celle-ci qui est à l'origine de la crise des dettes.

Son impact a été violent : entre 2007 et 2010, le déficit a augmenté en moyenne de 6 points de PIB au niveau européen. L'Islande a été frappée la première, de manière spectaculaire puisqu'elle est passée d'un excédent de 5,4 % en 2007 à un déficit de 13,5 % l'année suivante. Parmi les pays les plus touchés, on retrouve ceux qui sont aujourd'hui soumis aux attaques spéculatives : l'Irlande, passée de l'équilibre en 2007 à un déficit extravagant de 32 % en 2010 ; l'Espagne, qui a basculé d'un excédent de 1,9 % à un déficit de 9,3 % ; mais aussi le Danemark, dont l'excédent de 4,8 % en 2007 s'est transformé en un déficit de 5,2 % en 2010. Quant à la Grèce, la crise n'a ajouté « que » 3 % de PIB à son déficit enregistré en 2007.

Toute récession a pour effet de dégrader la situation budgétaire. Mais il n'existe pas de relation simple entre l'ampleur de la récession et cette dégradation. Les pays qui partaient d'une situation plus favorable ont eu tendance à utiliser leur marge de manœuvre. Mais l'Irlande, le Royaume-Uni et les États-Unis ont vu leur solde se dégrader beaucoup plus par comparaison avec les autres pays étant donné leur situation budgétaire initiale. Les trajectoires suivies ont donc été très diverses (voir encadré ci-dessous).

Une grande variété de trajectoires dans la crise

Les pays baltes, l'Irlande et l'Islande étaient tous de très « bons élèves » sur le plan budgétaire à l'entrée dans la crise, mais ils ont connu une récession d'une exceptionnelle gravité qui a entraîné une forte hausse des déficits.

L'Espagne, le Royaume-Uni, et surtout le Danemark et la Finlande ont connu une forte détérioration du solde public, de 9 à 11 points, entre 2007 et 2010. Cependant, cette évolution n'a pas été suffisante pour empêcher la forte baisse de leur PIB.

D'autres pays ont connu une détérioration du déficit d'une ampleur importante mais un peu plus faible que les pays précédemment cités (de 5 à 7 points de PIB). Cette évolution du déficit

semble expliquer leur bonne résistance relative à la récession, avec un recul du PIB inférieur à 1 point entre 2007 et 2010. Se trouvent dans ce cas de figure les États-Unis, la Roumanie, les Pays-Bas, la France, la République tchèque et la Belgique.
Le Portugal, l'Allemagne et la Suède ont enregistré une récession plus marquée (baisse du PIB de 2 à 4 points), malgré une dégradation de leurs déficits publics équivalente à celle des pays précédemment cités.
L'Italie, le Japon et la Grèce ont subi une assez forte baisse de leur PIB, assortie d'une dégradation modérée de leurs comptes publics, sans doute parce qu'ils connaissaient un endettement public déjà élevé avant la crise.
La Hongrie, également déjà très endettée et partant d'un niveau de déficit budgétaire parmi les plus élevés de l'Union européenne, a cependant réussi l'exploit d'améliorer son solde public dans un contexte de très forte récession.
La Bulgarie et la Turquie ont connu une faible dégradation de leurs comptes et ont même réussi dès 2010 à réduire un déficit qui s'était quelque peu dégradé à partir de 2008.
La Slovaquie et la Pologne présentent la particularité d'avoir vu leur PIB s'accroître durant la période en même temps que leurs déficits budgétaires se dégradaient.

Des plans de relance éphémères

En novembre 2008, la Commission européenne a annoncé un plan européen de relance, adopté le mois suivant par le Conseil européen. Toutefois, en pratique, les politiques budgétaires menées ont été très différentes d'un pays à l'autre. Dans certains pays, il n'y a tout simplement pas eu de mesures de relance. Dans d'autres, ces mesures se sont rapidement télescopées avec des mesures allant en sens inverse. Pour apprécier l'impact des politiques budgétaires, il faut donc tenir compte de cette deuxième série de mesures, les mesures de «consolidation» ou de réduction du déficit public, souvent prises en même temps que les mesures de relance, ou peu après, et qui sont venues les contrebalancer, parfois très fortement.

C'est par exemple ce qui s'est passé en Irlande et dans les nouveaux États membres, comme les pays baltes, la Hongrie, la Roumanie et la Bulgarie, qui ont eu très tôt recours aux aides financières sous l'égide du FMI et ont donc dû se plier à ses «recommandations». La Lettonie, la Hongrie et la Roumanie ont été soumises à de véritables purges. D'autres pays, comme l'Italie, la Grèce et la Slovaquie, avaient adopté dès 2009 une politique budgétaire déjà très restrictive.

Globalement, les données de la Commission européenne font état d'une stimulation maintenue entre 2009 et 2010 [1], bien que les différences d'un pays à l'autre soient énormes. L'Allemagne, les pays nordiques, la Pologne, l'Autriche ainsi que la France et l'Espagne ont donné une impulsion budgétaire supérieure à la moyenne de l'Union, mais qui reste cependant inférieure à celle qu'ont donnée d'autres pays en dehors de l'Europe – Chine, Russie, États-Unis, Australie, etc. Le plus grave, toutefois, est le contraste avec le freinage brutal enregistré dans plusieurs petits pays européens parmi les plus pauvres – Lituanie, Estonie, Lettonie, Irlande, Bulgarie, Hongrie, Roumanie et Grèce.

1. «Public Finances in EMU 2010», *European Economy*, n° 4, 2010, http://gesd.free.fr/ee20104.pdf.

Les aides aux banques

Selon le tableau de bord des aides d'État de la Commission[1], les aides au secteur financier autorisées entre octobre 2008 et octobre 2010 ont représenté la somme extravagante de 4 589 milliards d'euros. Les banques n'en ont en fait utilisé qu'une partie, soit tout de même 1 100 milliards en 2009, après avoir utilisé 957 milliards en 2008 ! Cependant, une fraction de ces aides, comme les garanties apportées par les États, ne pèse pas directement sur le budget. Il faut donc s'en tenir aux seuls éléments d'aide (*aid elements*) que la Commission récapitule dans un tableau détaillé. Au niveau de l'Europe, ces aides représentent 589 milliards d'euros de 2008 à 2009, soit 5,4 % du PIB. Mais la contribution de certains pays est beaucoup plus élevée : c'est le cas du Danemark et évidemment de l'Irlande, qui ont injecté des sommes considérables, tout comme le Royaume-Uni et la Belgique.

Il est à noter que la Commission s'évertue à minimiser l'impact de ces aides sur les finances publiques, dans la mesure où il s'agit en partie de garanties qui n'ont pas forcément été mobilisées. Selon sa présentation, les États n'ont dépensé en 2009 que 12 % des aides pour recapitaliser les banques et 9 % pour éponger leurs actifs toxiques, soit un total de 230 milliards d'euros, représentant malgré tout un peu plus de 2 % du PIB européen.

Dans le cas français, l'argument du gouvernement est bien connu : le sauvetage des banques n'aurait rien coûté, et

1. Commission européenne, *Rapport sur les aides d'État dans l'UE*, décembre 2010, http://gesd.free.fr/aides10.pdf.

il aurait même rapporté. Mais, comme le souligne Martine Orange, « il y a eu d'autres aides, soigneusement passées sous silence[1] » : le sauvetage de Dexia et de la BCPE, la création de la SFEF (Société de financement de l'économie française), ou encore le transfert en faveur des banques de 22 milliards d'euros en provenance du livret A.

Il serait fort utile, pour le débat public, d'avoir une idée précise de ce que coûte le sauvetage des banques au budget de l'État, et donc aux contribuables. Mais aucune information fiable n'est disponible, et les données fournies restent délibérément obscures. De plus, elles ne préjugent pas d'évolutions brusques qui conduiraient à utiliser une partie beaucoup plus importante des garanties prévues. Les Irlandais ont ainsi appris qu'en 2010 il leur en coûterait 50 milliards d'euros, soit près d'un tiers du PIB, pour renflouer des banques dont les pertes avaient été auparavant dissimulées.

La grande ingratitude des banques

L'offensive des « marchés financiers » contre les dettes souveraines des pays les plus fragiles a déclenché le tournant vers l'austérité. Mais on ne saurait se satisfaire de ce récit. Les choses sont plus compliquées : l'Europe a en effet maintenu grandes ouvertes les brèches permettant à la spéculation de se déployer. Fallait-il laisser les banques s'effondrer ? On a beaucoup discuté de cette question, à laquelle on ne peut répondre par oui ou par non : il fallait éviter un effondrement

1. Martine Orange, « 1 100 milliards d'aides aux banques en 2009 », Mediapart, 4 décembre 2010, http://gesd.free.fr/aide1100.pdf.

généralisé, mais surtout pas attribuer ces aides sans condition. La meilleure solution, y compris d'un point de vue technique, aurait été de nationaliser les banques afin de dénouer correctement l'entrelacs de dettes plus ou moins pourries dans lequel elles étaient toutes empêtrées. Quitte à les reprivatiser ensuite : cela aurait toujours mieux valu que cet arrosage aveugle. Et si l'on avait trouvé ce programme encore trop radical, l'occasion était magnifique d'imposer, à chaud, des contreparties aux aides publiques : fini les produits dérivés, les bonus extravagants, les paradis fiscaux, etc. Or la volonté politique a complètement fait défaut, tout simplement parce que les gouvernements européens sont au service de la finance avant d'être au service de leurs peuples.

Par leur laxisme, les gouvernements européens ont offert aux banques de magnifiques possibilités de spéculer tranquillement. Car ce sont principalement les banques européennes qui sont à la manœuvre. La dette des fameux PIGS (Portugal, Irlande, Grèce, Espagne) est en grande partie détenue par des non-résidents européens, autrement dit par des institutions financières européennes. Cette proportion va de 47 % pour l'Espagne à 73 % pour le Portugal. Mais cette dépendance à l'égard de créanciers européens est encore plus forte si l'on ne considère que la seule dette détenue par les non-résidents. Ainsi, 71 % des créanciers non résidents de la Grèce sont européens, et il s'agit principalement de banques allemandes et françaises[1]. Voilà pourquoi les plans de « sauvetage » de la Grèce équivalent

1. « Qui joue contre l'euro ? », Note hussonet n° 29, décembre 2010, http://hussonet.free.fr/eurodebt.pdf.

en réalité à un deuxième plan de sauvetage des banques européennes.

Et la situation est encore plus perverse que cela, puisque ce sont les gouvernements qui fournissent les munitions. Les banques peuvent en effet se refinancer à bas prix auprès des banques centrales et utiliser les liquidités ainsi obtenues pour acheter des titres de la dette publique grecque ou portugaise, émis à des taux prohibitifs. Ce faisant, elles réalisent une marge confortable. Puis elles se retournent vers ces mêmes gouvernements pour demander à être protégées d'un éventuel défaut – autrement dit, que ces profits spéculatifs bénéficient d'une garantie d'État.

Le tournant vers l'austérité

Le calendrier diffère d'un pays à l'autre, mais le durcissement, déjà largement entamé, devrait les concerner tous en 2011. Certains pays sont d'ores et déjà engagés sur cette voie. En Espagne et au Royaume-Uni, le tournant est plus récent mais particulièrement marqué, puisque tous deux passent d'une politique de relance soutenue à de très fortes restrictions budgétaires. Dans d'autres pays (Italie, France, Finlande, Belgique, Pays-Bas, Allemagne), les politiques d'assainissement annoncées sont plus étalées dans le temps.

Quoi qu'il en soit, le mouvement est général : en 2011, l'impulsion budgétaire – autrement dit l'effet net des mesures de relance et des restrictions budgétaires – devrait être négative à peu près partout en Europe, dans une plage allant de –4,5 % en Grèce à –0,3 % en Finlande. Elle serait de

–2,9 % au Royaume-Uni, de –1,4 % en France et de –1 % en Allemagne[1].

Tous les plans d'austérité, quelle que soit leur ampleur, obéissent à trois grands principes. Le premier est de privilégier la baisse des dépenses. S'il faut avoir recours à des hausses d'impôts, alors on choisit de préférence les plus injustes socialement – c'est le deuxième principe. Enfin – troisième principe –, l'assainissement budgétaire est l'occasion de franchir un nouveau pas vers la privatisation de la protection sociale.

Dans la majorité des cas, la baisse des dépenses joue un rôle prépondérant. On tente de justifier ce choix grâce aux argumentaires approximatifs que le FMI et l'OCDE se sont empressés de fournir pour démontrer que cette option était la plus efficace. Cette thèse est d'autant plus absurde que c'est justement la baisse des recettes fiscales qui a contribué à déséquilibrer les finances publiques, notamment en France.

Les coupes concernent d'abord les dépenses de fonctionnement, c'est-à-dire les effectifs et les traitements des fonctionnaires en charge des services publics. Le record est détenu par la Lettonie, où est programmée une baisse de moitié de la masse salariale de la fonction publique, et par la Roumanie, où celle-ci devrait être réduite d'un quart. Dans les « meilleurs » des cas – ceux de la France ou de l'Italie –, les traitements seront simplement gelés.

Pour légitimer ces coupes, on ressort le vieux refrain sur les gains de productivité : l'État pourrait faire aussi bien

1. « Zone euro : quand l'Union ne fait pas la force », *Revue de l'OFCE*, n° 115, octobre 2010, http://gesd.free.fr/rof115.pdf.

avec moins. L'OCDE évalue ainsi les économies potentielles à deux points de PIB dans la santé et à un point dans l'éducation[1]. Par exemple, le nombre d'enseignants pourrait être diminué sans que l'efficacité du système éducatif en soit altérée. Dans le cas de la France, le gain est estimé à 0,3 point de PIB (0,3375 !), ce qui équivaut à une suppression de 50 000 à 100 000 postes d'enseignants, « la production étant maintenue constante ».

Dans plusieurs pays, l'État cherche à reporter le poids de l'ajustement sur les collectivités locales. C'est le cas en France, mais aussi en Allemagne, où ces dernières sont passées de l'équilibre à un déficit de 2 % du PIB. De même, le plan d'austérité italien prévoit une très forte baisse des transferts aux régions.

Les prestations sociales sont également dans le collimateur, notamment en Allemagne, où une bonne partie de la facture va être payée par les plus pauvres, dont certains vont perdre leurs revenus de solidarité, telles l'allocation d'assistance chômage ou l'allocation parentale d'éducation[2]. De même, les prestations aux chômeurs sont souvent réduites. Au Portugal le revenu minimum d'insertion est diminué et des allocations pour les jeunes sont supprimées. Les

1. « Assainissement budgétaire : besoins, calendrier, instruments et cadre institutionnel », *Perspectives économiques de l'OCDE*, vol. 2010/2, n° 88, chapitre 4, p. 266, http://gesd.free.fr/oz884.pdf. L'OCDE s'appuie sur ce document de travail de 2007 : « Performance Indicators for Public Spending Efficiency in Primary and Secondary Education », http://gesd.free.fr/suther7.pdf.

2. Odile Chagny, « De l'équilibrisme dans la restriction budgétaire », *Chronique internationale de l'Ires*, n° 127, 2010, http://gesd.free.fr/oc1275.pdf.

allocations de chômage sont baissées de 15 % en Roumanie et gelées au Danemark.

Au Royaume-Uni, la purge est sévère : les aides sociales aux plus défavorisés sont plafonnées, les allocations logement réduites, des prestations aux familles supprimées (et les allocations familiales mises sous condition de ressources). Enfin, les retraités ne sont pas oubliés : les pensions baissent en Roumanie et en Grèce. Elles sont gelées ailleurs (Espagne, Portugal), ou bien leurs revalorisations sont fortement réduites (Royaume-Uni).

Augmenter des impôts : un effort bien mal partagé

Comme la réduction des dépenses ne peut suffire au rééquilibrage budgétaire, il faut bien recourir à une augmentation des recettes. Mais pas n'importe lesquelles! Ce sont les impôts indirects qui sont privilégiés dans les plans d'austérité : TVA, taxes sur les alcools, le tabac, l'énergie, les produits pétroliers, etc. Ce choix est théorisé par les organismes internationaux, notamment par le FMI, qui dispose d'une publication spécialisée, le *Fiscal Monitor*. Une hausse des impôts directs ou des cotisations découragerait l'offre de travail et l'investissement, et serait donc défavorable à la croissance. Au contraire, l'augmentation de la TVA d'un point conduirait, selon le FMI, à un demi-point de croissance supplémentaire [1].

Rien d'étonnant, dans ces conditions, à ce que le projet de

1. « Fiscal Exit : From Strategy to Implementation », *Fiscal Monitor* (FMI), novembre 2010, http://gesd.free.fr/fm1002.pdf.

TVA sociale réapparaisse en France. Basculer une partie des cotisations sur la TVA permettrait d'améliorer la compétitivité en renchérissant les importations et en baissant le prix des exportations. Mais cette argumentation ne tient pas : la TVA sociale équivaudrait à faire de nouveau baisser la contribution des entreprises aux financements sociaux, sans qu'aucune contrepartie soit exigée de leur part en termes de baisse des prix et de créations d'emplois. Elle conduirait à une politique encore moins coopérative au niveau européen. Ce n'est donc qu'un expédient antisocial pour réduire le déficit, qui irait encore un peu plus à l'encontre du caractère redistributif de l'impôt [1].

Le dosage des mesures fiscales qui résulte d'une telle échelle de priorités est caricatural. En Espagne, le gouvernement Zapatero avait déjà mené une politique fiscale particulièrement favorable aux plus riches (suppression de l'impôt sur le patrimoine, réduction de l'impôt maximal et de la progressivité de l'impôt). En augmentant la TVA et en supprimant les ristournes fiscales accordées aux contribuables moyens et modestes en 2008, il va encore plus loin sur cette voie. Au Royaume-Uni aussi, la principale mesure est l'augmentation de la TVA, assortie de nouveaux cadeaux fiscaux aux entreprises, comme la baisse de l'impôt sur les sociétés. Ailleurs, la charge fiscale est un peu mieux répartie. Mais certains pays se dirigent en même temps vers de nouvelles privatisations de services publics.

1. Voir *Rapport d'Attac France sur la TVA «sociale»*, 2007, http://gesd.free.fr/tvattac.pdf.

Globalement, le constat est clair : c'est d'abord aux ménages que l'on présente la facture de la crise, et les mesures sont souvent ciblées sur les couches sociales les plus fragiles. Les plans d'austérité, en épargnant les véritables responsables, ne peuvent conduire qu'à un nouveau bond en avant des inégalités sociales.

Une fenêtre d'opportunité pour de nouvelles « réformes »

Le choc budgétaire fournit l'occasion – et le prétexte – de mener une thérapie de choc néolibérale. Les dépenses sociales sont sciemment visées, comme l'exprime clairement l'OCDE : « Il faut préparer dès maintenant la réforme des retraites, des soins de longue durée et des soins de santé [1]. » On peut même parler de déclaration de guerre quand l'OCDE écrit par exemple : « Une réforme des régimes d'invalidité, se traduisant par une application plus rigoureuse de critères de santé et par un recours plus systématique à une évaluation de la capacité de travail restante, notamment dans le cadre d'un réexamen périodique de celle-ci, pourra sans doute accroître les taux d'activité, ce qui aura des effets bénéfiques sur la croissance potentielle et la demande globale. » Et d'ajouter : « Une réforme de ce type serait aussi compatible avec les objectifs d'équité. » On n'en doute pas un instant…

La période fournit une fenêtre d'opportunité pour opérer des coupes dans les dépenses de santé et faire passer ou accélérer des réformes régressives des systèmes de retraite (Grèce, Espagne, Irlande, Bulgarie, Roumanie, Allemagne,

1. « Assainissement budgétaire : besoins, calendrier, instruments et cadre institutionnel », art. cité.

Royaume-Uni). Si l'on ajoute à cela le durcissement des conditions d'indemnisation des chômeurs et les nouvelles mesures de « flexibilisation » du marché du travail (Espagne, Portugal, Danemark), ainsi que la voie ouverte à de nouvelles privatisations de services publics, le tableau d'ensemble est celui d'une considérable régression sociale.

Quelle viabilité ?

Dans un premier temps, les gouvernements et les institutions internationales comme le FMI ou l'OCDE ont tenu un discours relativement prudent : l'assainissement budgétaire devait être une priorité, mais il ne devait être engagé qu'après que la reprise se serait suffisamment bien installée. Et ils avaient raison : « Le bon moment pour l'austérité, c'est le boom, pas la récession », disait Keynes. Passer à l'austérité trop tôt en coupant dans les dépenses, c'est en effet prendre le risque de freiner la croissance et de réduire d'autant les recettes – en somme, d'aggraver le problème du déficit au lieu de le traiter correctement. Cette intuition est confirmée par de nombreuses études qui ont cherché à tirer les enseignements des récessions passées. Dans un rapport récent[1], le FMI établit ainsi qu'une « consolidation budgétaire » d'un point de PIB conduit à une baisse du PIB de 0,5 %, pouvant même aller jusqu'à 1 % si cette politique est étendue à un grand nombre de pays. Ce dernier argument est important en ce qui concerne l'Europe : si tous les pays de la zone passent

1. « Will It Hurt ? Macroeconomic Effects of Fiscal Consolidation », *World Economic Outlook* (FMI), octobre 2010, http://tinyurl.com/FMI20103.

en même temps à l'austérité budgétaire, cette simultanéité ne peut que démultiplier les effets négatifs sur la croissance. Or c'est précisément ce qui se passe aujourd'hui, et c'est évidemment très grave.

Toute restriction budgétaire influe négativement sur l'activité, puisque la réduction des dépenses sociales, le gel des salaires et la baisse des effectifs ne peuvent que peser sur la consommation. Dans le cas de la France, les évaluations disponibles montrent qu'une restriction des dépenses publiques d'un point de PIB conduit – à un horizon de trois ans – à une perte d'un point de PIB ; la perte serait de 1,6 point en cas de « choc commun », autrement dit de généralisation de cette politique à l'ensemble de l'Europe [1].

Cet impact négatif sur la croissance dégraderait à son tour les finances publiques. Les choses marchent en effet dans les deux sens, et la question est de savoir ce qui reste après coup de la réduction initiale. Cela dépend du multiplicateur budgétaire, qui décrit l'effet sur le PIB d'une réduction du déficit équivalant à un point de PIB mais aussi, en sens inverse, de l'impact du PIB sur les recettes fiscales. Les estimations de Patrick Artus [2] montrent qu'une réduction initiale du déficit d'un point de PIB ne conduit en fin de compte qu'à une réduction de 0,36 dans le cas de la France [3].

1. Olivier Passet, « Quelles politiques budgétaires en Europe en sortie de crise ? », Centre d'analyse stratégique, Note d'analyse n° 193, septembre 2010, http://gesd.free.fr/eveil193.pdf.

2. « L'arithmétique de la réduction des déficits publics », *Flash Natixis*, n° 236, 12 mai 2010, http://gesd.free.fr/flas0236.pdf.

3. Ce « rendement » est plus élevé en Allemagne (0,57) et au Portugal (0,49), mais plus faible en Espagne (0,29), au Royaume-Uni (0,26) et surtout en Grèce (0,21).

Pour faire baisser le déficit d'un point, il faut une restriction initiale équivalant à trois points en France et à cinq points en Grèce.

On peut aussi raisonner sur plus long terme, à partir d'hypothèses sur la croissance et la politique budgétaire. L'exercice a été mené par l'OFCE sur le cas français, à la demande du Sénat[1]. Trois scénarios sont considérés, qui ne diffèrent pas à court terme. En 2013, le déficit public se situerait encore dans une plage allant de 6 % à 6,9 % du PIB. Quant à l'encours de la dette publique, il serait compris entre 94,7 % et 97,6 % du PIB. On est donc très loin des 3 % de déficit que la France a accepté de se fixer comme objectif en 2013, et encore plus loin de la norme de 60 % pour l'encours de dette !

Les choses s'arrangeront-elles avec le temps ? Ce n'est pas sûr, car les projections de l'OFCE sont elles aussi pessimistes : « La dette publique brute en 2030 serait comprise entre 79,4 % du PIB dans le scénario de croissance le plus favorable (scénario "rose") et 135 % du PIB dans le cas le plus défavorable (scénario "noir"). » Ces mécanismes pourraient être encore aggravés si les ménages réagissent par un surcroît d'épargne, si les entreprises sont découragées d'investir et si les taux d'intérêt augmentent. Dans ce cas, la spirale récessive serait encore plus marquée. Dans la mesure où les pays sont inégalement exposés, cela se traduirait par des divergences, et donc des tensions accrues, à l'intérieur de l'Union européenne. C'est pourquoi on peut pronostiquer que les

1. Éric Heyer, Mathieu Plane et Xavier Timbeau, « Quelle dette publique à l'horizon 2030 en France ? », *Revue de l'OFCE*, n° 112, janvier 2010, http://gesd.free.fr/ofce112a.pdf.

plans d'ajustement ne seront pas vraiment appliqués dans la durée. De deux choses l'une : ou bien leur effet récessif conduira les gouvernements à lâcher du lest ; ou bien la violence sociale qu'ils impliquent déclenchera des mouvements de résistance sociale.

Tout ce que vous avez toujours voulu savoir sur les plans d'austérité européens... sans jamais oser le demander

C'est le titre d'un document de la Société Générale daté d'octobre 2010[1]. Il montre, sur la base des expériences du Canada et de la Suède dans les années 1990, que « tous les plans d'austérité ne réussiront pas » et qu'il existe « un risque majeur pesant sur la croissance économique si les gouvernements mettent en œuvre les plans d'austérité de manière non coordonnée ».
Quatre catégories de pays sont ensuite distinguées :
– les pays où le nécessaire ajustement sera douloureux : la Grèce et le Portugal ;
– les pays capables de mener à bien les plans d'austérité : la France, l'Allemagne et l'Italie ;
– les pays où leur mise en œuvre sera difficile faute de filets de sécurité : les Etats-Unis et le Royaume-Uni ;
– les pays où le taux de chômage peut conduire à des troubles sociaux : l'Espagne et l'Irlande.
Les chances de réussite des plans d'austérité dépendent de quatre variables : le taux de chômage, le taux d'épargne, les

1. Société générale, « All you ever wanted to know about European austerity plans... but were afraid to ask », octobre 2010, http://gesd.free.fr/sgauster.pdf.

marchés de l'immobilier et... les mouvements sociaux. Dans certains pays, conclut le document, ces plans pourraient avoir un effet dévastateur.

La patate chaude

On ne comprendrait rien des ressorts de la crise actuelle si l'on négligeait de la mettre en perspective. Son point de départ, c'est une autre crise : celle du milieu des années 1970, qui marque la fin des «Trente Glorieuses». Les politiques habituelles ne parvenant plus à relancer la machine, un grand tournant libéral est pris au début des années 1980. Nous vivons donc depuis trente ans (les «Trente Piteuses») sous un régime de capitalisme néolibéral. La crise d'aujourd'hui doit être comprise comme la crise des solutions apportées à la précédente, lesquelles reposaient sur deux éléments : la compression salariale et la financiarisation. La croissance – et surtout le profit – a pu reprendre dans un environnement de régression sociale rampante. Le moteur de la croissance n'était plus la demande salariale, mais la consommation des riches et le crédit. Ce dernier permettait aux pauvres de consommer au-delà de leurs revenus, et aux pays – en premier lieu les États-Unis – de financer leur déficit.

La croissance, d'ailleurs inférieure à celle de la période précédente, était inégalitaire, fragile, déséquilibrée et en partie fictive. Mais elle avait, aux yeux des dominants, l'avantage de leur permettre de capter une part croissante des richesses produites. Aux États-Unis, la situation de 90 % de la population serait restée à peu près inchangée même s'il n'y avait pas eu de croissance au cours des deux dernières décennies. Tout cela s'est construit sur une montagne de dettes, qui s'est finalement écroulée, et les produits financiers sophistiqués ont permis qu'une crise *a priori* limitée se répande à l'ensemble du système financier.

Un système que l'on a sauvé. Et chacun de saluer la sagesse des gouvernements, qui n'ont pas reproduit les mêmes erreurs qu'en 1929, quand le ministre des Finances américain, Andrew Mellon, recommandait au président Hoover de « liquider le travail, liquider les actions, liquider les fermiers, liquider l'immobilier » afin d'éliminer la « pourriture du système ». Des sommes considérables ont été injectées pour sauver les banques sans y mettre quelque condition que ce soit, à de rares exceptions près. Les jérémiades ultérieures sur la nécessité de mieux réguler les banques ne sont donc que de la poudre aux yeux.

La patate chaude que représentait cet amoncellement de créances et de titres tous aussi pourris les uns que les autres est ainsi passée des banques privées aux budgets publics. L'affirmation selon laquelle il fallait attendre que la « reprise » soit suffisamment installée pour basculer vers la rigueur budgétaire suscitait un relatif consensus. Mais la prétendue sagesse des gouvernements européens a été rapidement oubliée, et ils ont opéré un brusque tournant vers des plans d'austérité proprement démentiels, semblables à ceux de Brüning en Allemagne en 1931 ou de Laval en France en 1935.

Finalement, cela revient à repasser la patate chaude à la majorité de la population, qui n'est évidemment pas responsable de la crise ; c'est sur son dos que s'est construite depuis trente ans la prospérité des riches qu'il s'agit aujourd'hui de préserver. C'est donc une grande alliance (éventuellement conflictuelle) entre la finance et le patronat qui dicte à des gouvernements consentants ces politiques d'une grande violence et socialement ciblées. Il ne s'agit ni plus ni moins que d'un règlement de comptes qui porte sur un passif de trente ans et nécessite une riposte sociale proportionnée.

CHAPITRE 4

L'Europe néolibérale en pleine débâcle : chronique d'une crise annoncée

La crise qui secoue la zone euro depuis 2009 n'est pas une surprise. Elle est l'aboutissement logique des choix politiques qui ont sous-tendu la construction européenne. La priorité donnée à la concurrence plutôt qu'à la solidarité entre les membres de l'Union a conduit à diviser l'espace européen entre pays riches et pays en crise.

L'absence de politiques communes n'a pas permis d'enrayer la montée des déficits et des dettes publics. Tels des prédateurs, les spéculateurs se sont attaqués aux pays les plus fragiles, révélant au grand jour les insuffisances de la zone euro.

Alors que la crise financière est née aux États-Unis, c'est dans l'Union européenne qu'elle risque d'être la plus profonde et la plus durable. Pour expliquer ce paradoxe, il faut retracer brièvement le long processus de la construction européenne, ce qui permettra de mettre en évidence ses contradictions et ses insuffisances.

Les contradictions internes de la construction européenne

La construction européenne s'inscrit depuis soixante ans dans un processus continu d'intégration économique dont l'encadré ci-dessous rappelle les principales étapes. Mais, depuis ses débuts, le projet européen est en proie à deux séries de contradictions qui sont au cœur de la crise actuelle. La première tient aux processus d'approfondissement et d'élargissement de l'Union européenne : l'élargissement, par étapes successives, de 6 à 27 membres très hétérogènes a clairement constitué un obstacle à la mise en place d'institutions communes fortes pour gouverner l'Union.

Principales étapes de la construction européenne

1950 : Communauté européenne du charbon et de l'acier (CECA)
1957 : Communauté économique européenne (CEE) ou Marché commun (Traité de Rome)
1986 : Marché unique des biens, services, capitaux et des personnes (Acte unique)
1992 : Union économique et monétaire (Traité de Maastricht)
2009 : Gouvernance de l'Union européenne (Traité de Lisbonne)

Un deuxième ensemble de contradictions provient des conceptions politiques divergentes qui ont prévalu dès le début de la construction européenne. D'un côté, il y a les partisans d'une Europe fédérale ou confédérale dotée de politiques économiques et sociales communes; de l'autre côté, on trouve ceux qui défendent le projet d'une Europe principalement gouvernée par les marchés, et donc les grandes entreprises industrielles et financières. Aux débuts de la construction européenne, les deux conceptions coexistaient et s'équilibraient. Ainsi, la Communauté européenne du charbon et de l'acier (CECA) en 1950 – acte fondateur du processus d'intégration européenne – a été impulsée par l'Allemagne et la France pour fédérer et mutualiser les politiques publiques dans des domaines stratégiques. Puis la deuxième étape de la construction européenne a été la création du Marché commun (1957), c'est-à-dire une union douanière destinée à faciliter la circulation des marchandises au sein de l'espace communautaire.

Le tournant néolibéral des années 1980 : les racines de la crise européenne

Les années 1980 marquent un tournant dans la logique de la construction européenne : la conception d'une Europe élargie fonctionnant comme une zone de libre-échange l'emporte. Les gouvernements des pays membres (ils sont 12 à partir de 1986) décident d'accorder la priorité aux mécanismes de marché dans le fonctionnement de la CEE. L'Acte unique (1986) traduit ce choix politique en structurant l'espace économique européen sur la base du marché unique des marchés des biens et services, des travailleurs et des capitaux à partir de 1992. Dès lors, l'Europe s'inscrit dans la logique de la mondialisation néolibérale fondée sur la libre circulation des capitaux et orchestrée dès le début des années 1980 par les États-Unis de Ronald Reagan et le Royaume-Uni de Margaret Thatcher. Avec l'idéologie triomphante du libre-échange, on assiste à un recul organisé de la régulation publique, marqué par l'accélération des mesures de déréglementation et de privatisation.

Deuxième évolution importante : la monnaie devient le vecteur principal de l'intégration européenne. La décision du président américain Richard Nixon de mettre fin à l'ancrage du dollar sur l'or (15 août 1971) a provoqué l'effondrement du système monétaire international – dit de Bretton Woods –, fondé sur la coopération internationale et les parités fixes. S'ensuit une généralisation du flottement des monnaies à partir de 1973. Les pays membres du Marché commun cherchent donc à se protéger contre l'instabilité monétaire. Le Serpent monétaire européen (1972) puis le Système monétaire européen (SME, 1979) sont mis en place pour encadrer et réduire les fluctuations des monnaies des pays membres de la CEE. Les politiques économiques sont désormais dominées par la contrainte de stabilité des changes et des prix : c'est la doctrine de la monnaie «forte» et de la désinflation compétitive.

Entré en vigueur en novembre 1993, le traité de Maastricht sur l'Union européenne pousse à son terme cette logique d'intégration en prévoyant les étapes et les modalités de la création d'une Union économique et monétaire (UEM) par l'instauration d'une monnaie unique. La construction européenne repose désormais sur deux piliers : l'Acte unique, qui consacre la domination du marché dans le fonctionnement des économies européennes, et le traité de Maastricht, qui instaure la primauté absolue de la politique monétaire dans les politiques économiques de la zone euro.

Une architecture européenne déséquilibrée et incomplète

L'architecture européenne est donc totalement asymétrique. D'un côté, la politique monétaire est organisée selon une structure fédérale inspirée du modèle allemand : c'est, depuis 1999, le Système européen de banques centrales (SEBC), composé actuellement de dix-sept banques centrales et coiffé par la Banque centrale européenne (BCE), chargée de la politique monétaire unique. D'un autre côté, les politiques budgétaires et fiscales restent décentralisées au niveau national. Seule une faible partie des dépenses – plafonnée à 1 % du PIB européen – constitue le budget communautaire. Et, conséquence de l'absence d'un État de droit démocratique à l'échelle européenne, il n'existe ni impôt européen ni possibilité de lancer un emprunt communautaire.

Deuxième source d'asymétrie : les banques centrales, tant nationales qu'européennes, sont indépendantes et n'ont de comptes à rendre ni aux gouvernements ni aux citoyens.

Troisième facteur de déséquilibre : l'objectif prioritaire de la politique monétaire est la stabilité monétaire (des prix) – c'est la mission de la BCE selon l'article 105 alinéa 1 du Traité sur le fonctionnement de l'Union européenne. Quant au soutien de l'activité économique et de l'emploi, il s'agit d'un objectif explicitement subsidiaire, ce qui n'est pas le cas pour la Réserve fédérale américaine. Voilà qui pose un gros problème dans la conjoncture actuelle…

Une grave erreur : donner la priorité à la politique monétaire…

L'une des principales contradictions de l'UEM est de donner un poids prépondérant à la politique monétaire au moment où celle-ci apparaît de moins en moins fiable et efficace. De fait, on constate que les banques centrales ne parviennent plus à maîtriser rigoureusement l'évolution de la masse monétaire, quelle que soit la définition que l'on donne de celle-ci. En Europe et dans le monde, la croissance de la masse monétaire a explosé ces dernières années, notamment parce que les banques ont créé de la monnaie pour financer la spéculation. En outre, il n'existe plus de lien direct entre l'évolution de la masse monétaire et celle des prix des biens et services. En effet, alors que les masses monétaires explosaient, on a assisté à ce que les économistes ont appelé la « grande modération », c'est-à-dire une baisse durable du rythme de l'inflation dans le monde. Cette déconnexion relative entre monnaie et inflation s'explique par le fait que l'inflation a aujourd'hui des causes principalement non monétaires, liées aux effets dépressifs de la mondialisation – en raison de la concurrence – sur les coûts, et sur les salaires en particulier. Enfin, la politique monétaire apparaît inefficace pour sortir de la dépression les économies les plus touchées par la crise, à commencer par celles des États-Unis et de l'Europe.

L'une des raisons de la faible efficacité de la politique monétaire est que les banques centrales ne disposent actuellement que d'un seul instrument : le taux d'intérêt à court terme. Or le fonctionnement de l'économie est d'abord fonction des taux d'intérêt à long terme, l'essentiel de la dette des entreprises, des ménages et des États se situant à cet horizon. Les autorités monétaires n'ont qu'une influence très indirecte sur ces taux, largement dépendants des anticipations des acteurs financiers. Par ailleurs, la BCE n'a pas d'objectif de change, ce qui laisse les entreprises de la zone euro à la merci de l'instabilité monétaire internationale, alors que les taux de change sont devenus de plus en plus instables.

Élaborées dans les années 1980, les dispositions du traité de Maastricht concernant la politique monétaire apparaissent ainsi totalement dépassées et inadaptées au contexte de ce début de XXIe siècle.

... alors que les politiques budgétaires et fiscales sont beaucoup plus efficaces !

À l'inverse, il y a de bonnes raisons de penser que les politiques budgétaires et fiscales seraient beaucoup plus efficaces que la politique monétaire dans le contexte de l'UEM. En effet, les politiques budgétaires et fiscales appartiennent, dans une large mesure, aux économies nationales et peuvent donc s'adapter aux besoins spécifiques de chaque pays, alors que la politique monétaire est unique et centralisée. Or l'espace européen se compose de pays dont les économies sont très hétérogènes, ce qui requiert des politiques économiques nationales différenciées. L'instrument budgétaire et fiscal est donc stratégique pour la zone euro. Par ailleurs, l'expérience de la crise montre les limites et les effets pervers des politiques monétaires dans le contexte de la mondialisation. En effet, afin d'éviter une grave récession due à la crise financière, la Federal Reserve étasunienne et la Banque centrale européenne ont mis en œuvre des politiques d'expansion monétaire pour amener les taux d'intérêt à des niveaux très bas. Pour atteindre ce résultat, ces banques centrales ont dû procéder à des injections massives de liquidités dans l'économie mondiale. Ces politiques ont favorisé la spéculation sur les monnaies, sur les dettes publiques et sur les matières premières.

La zone euro privée de mécanismes d'ajustement

Avec la monnaie unique, les pays de la zone euro ont renoncé aux modifications des taux de change entre leurs monnaies. Cela signifie que les ajustements entre eux passent désormais par les variations des prix et des salaires, ainsi que par les fluctuations des principales grandeurs macroéconomiques (activité, emploi, investissement). Or, contrairement à ce que postulent les théories d'inspiration néolibérale, les prix sont peu flexibles (au moins à court terme), ce qui rend difficile leur ajustement relatif entre pays européens en l'absence de variations des parités. L'une des explications de cette rigidité tient aux salaires, dont la détermination dépend de facteurs institutionnels (modes de négociation) très hétérogènes à travers l'Europe. Keynes a brillamment montré que, lorsque les marchés ne peuvent s'ajuster dans de bonnes conditions du fait de l'insuffisante flexibilité des prix et des salaires, les politiques économiques deviennent un instrument indispensable.

En bonne logique, la disparition des politiques monétaires nationales aurait donc dû conduire à conférer un rôle accru aux politiques budgétaires nationales. Or c'est l'inverse qui s'est produit. Rebaptisé par antiphrase « Pacte de stabilité et de croissance », le pacte de stabilité budgétaire signé lors du Conseil européen d'Amsterdam, en juin 1997, pérennise en effet l'un des quatre critères de convergence du traité de Maastricht : le plafonnement à 3 % du PIB des déficits publics et à 60 % des dettes publiques ; il prévoit même, par le biais d'une procédure spéciale, dite des déficits publics excessifs (DPE), de sévères sanctions financières contre les États qui ne respecteraient pas ce critère. Avec la crise, qui a entraîné une montée brutale des déficits et des dettes publics, cette procédure a été temporairement suspendue, puis réintroduite pour obliger les pays à se discipliner (voir le chapitre 3)...

La raison invoquée pour mettre ainsi sous le boisseau les politiques budgétaires ? Éliminer les dérapages budgétaires, source possible d'inflation, ce qui irait à l'encontre de l'objectif sacro-saint de stabilité des prix défendu par la BCE. Empêchant les stabilisateurs automatiques de jouer, ce carcan va devenir insupportable au moment où l'Europe risque de s'enfoncer dans la récession. D'autant que l'absence d'harmonisation se traduit par une concurrence fiscale effrénée entre pays membres, réduisant les ressources budgétaires !

Cette asymétrie totale entre politique monétaire et politique budgétaire consacre l'abandon d'une gestion dynamique et équilibrée de l'économie, fondée sur la recherche d'une combinaison optimale (*optimal policy mix*). Une coordination de l'ensemble des politiques à l'échelle européenne n'est pas considérée comme un objectif, ce qui constitue une véritable régression. La seule procédure prévue est la méthode ouverte de coordination (MOC), qui repose sur le principe de la concurrence entre les États membres de l'Union. Cette conception néolibérale de la coordination des politiques économiques va à l'encontre du principe de solidarité qui devrait prévaloir aujourd'hui au sein de la zone euro, et qui permettrait d'organiser des transferts de ressources publiques des pays les plus riches vers les pays les plus endettés.

La crise de la zone euro, conséquence des politiques néolibérales

La crise des dettes souveraines qui a secoué la zone euro à partir de 2009, à commencer par la Grèce et l'Irlande, résulte en grande partie des trois grands principes néolibéraux qui gouvernent l'organisation des politiques européennes, à savoir : 1° la primauté absolue donnée à la politique monétaire unique ; 2° le rôle réduit des politiques budgétaires et fiscales ; 3° le manque de coordination des politiques économiques, ces dernières étant gouvernées par la concurrence plutôt que par la solidarité entre pays européens.

En effet, la crise résulte des tensions non résolues entre les pays de la zone euro par suite de l'insuffisance des mécanismes d'ajustement. Loin de favoriser la résolution des déséquilibres au sein de la zone euro, les principes néolibéraux mentionnés ci-dessus ont eu tendance à accroître les divergences entre les pays, dont certains se sont trouvés dans une situation insoutenable.

Une analyse de la situation économique des pays de la zone euro permet d'illustrer cette conclusion. En effet, ces pays ont connu des évolutions macroéconomiques divergentes depuis la mise en place de l'UEM en 1999. Deux groupes de pays, aux situations très contrastées, peuvent être distingués :

– les pays « néomercantilistes » (Allemagne, Pays-Bas et Autriche), au centre de la zone euro, ont fondé leur croissance sur un développement rapide de leurs exportations, principalement à destination des autres pays de l'Union européenne. Ils accumulent de larges excédents extérieurs (l'excédent allemand approche les 5 % du PIB en 2010) et ont réussi à contenir leur dette publique à des niveaux plus faibles que la moyenne de la zone euro (84,1 % du PIB en 2010) grâce à des politiques budgétaires rigoureuses ;

– Les pays qualifiés péjorativement de « périphériques » ou de PIGS (Portugal, Irlande, Grèce, Espagne), qui se trouvent actuellement dans une situation difficile, ont connu une croissance économique deux fois plus rapide que celle des pays néomercantilistes. Celle-ci a été tirée par un fort accroissement de la demande intérieure (consommation, investissements et dépenses publiques), conduisant à l'accumulation de déficits publics et extérieurs importants (ces deux déficits avoisinaient chacun environ 10 % du PIB en Grèce en 2010).

La France et l'Italie, protégées par leur plus grande taille, se trouvent dans une situation intermédiaire, avec des déséquilibres macroéconomiques (extérieurs et publics) plus marqués que les pays les plus « vertueux » du premier groupe.

D'où viennent ces évolutions divergentes au sein de la zone euro ? Une première série de facteurs est d'ordre structurel. Les pays de la zone euro ont en effet des structures économiques et sociales et des niveaux de développement très différents. Les pays néomercantilistes sont les plus développés et bénéficient d'une bonne insertion dans la division internationale du travail. De leur côté, les PIGS, partant d'un niveau de développement plus bas, ont connu un processus récent de rattrapage, ce qui explique leur taux de croissance plus élevé. Ils sont également des membres plus récents de l'Union européenne et de la zone euro. Cette hétérogénéité structurelle résulte des politiques d'élargissement géographique de l'Europe, qui a intégré par vagues successives une vingtaine de pays supplémentaires d'Europe du Sud et de l'Est, lesquels constituent aujourd'hui le groupe des pays périphériques. L'insuffisance des politiques communes destinées à aider les nouveaux membres à rattraper les anciens a largement contribué à créer ces disparités structurelles, préjudiciables au processus d'intégration européenne.

Mais, au-delà des différences structurelles, les évolutions divergentes entre les pays européens ont des causes macroéconomiques qui sont elles-mêmes liées aux politiques économiques. Les pays néomercantilistes ont cherché à renforcer leur domination commerciale sur la zone euro en pratiquant des politiques budgétaires et salariales très rigoureuses, avec un partage de la valeur ajoutée en général très défavorable au travail (la part des salaires dans le PIB a baissé de près de 4 points de pour cent entre 1999 et 2007 en Allemagne). Ces politiques de rigueur, dont le coût social a été élevé (précarisation du travail, montée de la pauvreté et des inégalités), ont été décidées pour améliorer la compétitivité. Elles ont été couronnées de succès : les parts de marché des exportations allemandes dans la zone euro ont fortement augmenté par rapport aux autres grands pays de l'Union, dont les parts ont eu tendance à baisser depuis la création de l'euro en 1999.

Les PIGS victimes de l'euro

De leur côté, les pays de la périphérie, en rattrapage, ont mené des politiques encourageant une progression des revenus et de la demande interne. L'une des conséquences majeures de ces choix opposés de politique économique a été l'apparition de fortes divergences entre les rythmes d'inflation des pays membres de la zone euro. On constate en effet que, depuis la création de la monnaie unique, l'inflation des PIGS a été deux fois supérieure (de l'ordre de 3,5 % par an) à celle des pays néomercantilistes (en moyenne de l'ordre de 1,5 % par an). Cumulés sur dix ans, ces écarts d'inflation ont entraîné *de facto* une sous-évaluation de l'ordre de 20 % des produits des pays néomercantilistes, ce qui – en l'absence d'ajustements de taux de change, désormais impossibles – a fortement pénalisé les échanges extérieurs des PIGS, dont les déficits externes se sont creusés.

Ces écarts d'inflation sont également responsables de niveaux très différents de taux d'intérêt réels (taux d'intérêt nominaux corrigés de l'inflation) entre les deux groupes de pays. Bénéficiant de taux d'intérêt réels bas, les agents économiques (ménages, entreprises et États) des PIGS se sont fortement endettés, ce qui a conduit à la situation de surendettement qui est aujourd'hui au cœur de la crise. La dette totale (privée et publique) de la Grèce, du Portugal et de l'Espagne s'élevait respectivement à 296 %, 479 % et 506 % du PIB en 2009. C'est cette dette élevée, jointe aux déficits extérieurs, qui a contribué à fragiliser ces pays, faisant d'eux des proies faciles pour les spéculateurs (voir l'encadré « À qui appartient la dette des États européens ? »).

Dans le cas de l'Irlande, c'est l'insolvabilité des ménages endettés pour acquérir des logements qui est à l'origine de la crise bancaire de fin 2009 ayant obligé l'État à intervenir pour sauver ses banques en difficulté. Le résultat est connu : le déficit public irlandais a explosé pour atteindre

32 % du PIB (dont 19,9 % correspondent au coût du sauvetage des banques), ce qui a déclenché les attaques spéculatives contre la dette souveraine irlandaise. Ainsi, en 2010, l'Irlande doit rémunérer sa dette souveraine au taux élevé de 9,3 % (contre 2,7 % pour l'Allemagne), une charge excessive qui l'a amenée à mettre en œuvre une politique de rigueur violente. Le pays est maintenant au bord du gouffre, avec une croissance proche de zéro et un taux de chômage s'élevant à 13 %.

À qui appartient la dette des États européens ?

Les pays dont la dette souveraine a subi les attaques spéculatives les plus fortes sont ceux dont le taux de détention de leur dette par les « non-résidents » (c'est-à-dire les personnes physiques ou morales domiciliées hors du pays) est le plus élevé : ainsi, en 2009, la dette grecque était possédée à 75 % par des non-résidents, et la dette irlandaise à 86 %. Selon ce critère, les autres pays menacés sont le Portugal, dont la dette souveraine est détenue à plus de 70 % par des non-résidents, l'Espagne (60 %) et… la France (68 %). En revanche, le Royaume-Uni et l'Allemagne seraient moins vulnérables, avec des taux de détention externe de leur dette de respectivement 28 % et 50 %.

Mais qui sont ces fameux « non-résidents »? Il n'est pas facile de répondre à cette question, les obligations d'État changeant souvent de mains. Toutefois, selon des estimations fiables, cette dette est massivement possédée par des banques et des assurances de l'Union européenne, et non par des banques d'investissement ou des *hedge funds* américains, japonais ou chinois.

> Ceux qui ont le plus amplifié les crises de la dette souveraine grecque et irlandaise et ont déstabilisé la zone euro sont donc les banques de cette zone qui possèdent une bonne part de ces dettes. Une particularité importante des PIGS (Portugal, Irlande, Grèce, Espagne) est que leur dette est détenue en grande partie par des non-résidents européens. Ce constat justifie les propos suivants de Jean Quatremer : « Les "marchés" qui déstabilisent l'Irlande, le Portugal ou la Grèce sont, la plupart du temps, des établissements financiers installés dans les États membres de l'Union monétaire [1]. » Parmi ces pays, on retrouve l'Allemagne, la France, l'Italie, les Pays-Bas et le Royaume-Uni, dont les banques détiennent plus de la moitié des dettes non résidentes des PIGS. C'est dire le degré d'imbrication des finances européennes et le risque de contagion que cela représente !

L'une des principales erreurs des fondateurs de l'UEM a été de croire qu'une politique monétaire uniforme, menée dans un marché unique européen, allait faire converger les économies des pays membres, notamment en matière d'inflation. Cette vision libéralo-monétariste a été radicalement contredite par les faits. Loin de favoriser une évolution harmonieuse des économies au sein de la zone euro, la politique monétaire unique et le jeu de la concurrence entre pays ont au contraire entraîné un renforcement des divergences et des déséquilibres.

La crise de l'euro apparaît ainsi comme la conséquence inéluctable de l'incapacité de l'UEM, fonctionnant selon les

1. Jean Quatremer, « Dettes : la zone euro rongée de l'intérieur », *Libération*, 27 novembre 2010.

principes néolibéraux, à intégrer en son sein des pays hétérogènes, avec des structures et des niveaux de développement différents. On retrouve là l'une des contradictions majeures de la construction européenne mentionnées plus haut : mener de front l'élargissement géographique et l'approfondissement de l'Union européenne, en l'absence de politiques publiques communes face aux marchés.

Les gouvernements désarmés face à la crise

Il y avait au moins trois raisons d'espérer que la zone euro ne serait pas trop affectée par la crise financière venue des États-Unis. En premier lieu, son système financier est moins développé que celui des États-Unis et du Royaume-Uni. Par ailleurs, les finances publiques de la zone euro prise dans son ensemble sont en meilleur état que celles de ces deux pays : en 2010, le déficit public global de la zone euro (6,3 % du PIB) était très inférieur à celui des États-Unis (11,3 %) et à celui du Royaume-Uni (10,5 %). Enfin, l'euro aurait dû être un facteur de protection contre la crise financière mondiale. Il n'en a rien été. L'Europe est au contraire la zone du monde la plus durement affectée par la crise.

Si les marchés se sont déchaînés contre la zone euro plutôt que contre les États-Unis ou le Royaume-Uni, c'est parce qu'ils y ont décelé une faille. Alors que les gouvernements des autres pays développés ne peuvent faire faillite parce qu'ils peuvent toujours être refinancés par la Banque centrale, au besoin par de la création monétaire, les pays de la zone euro ont renoncé à cette possibilité. La BCE n'a pas le droit de financer directement les États, et l'article 125 du traité de Lisbonne interdit la solidarité financière entre les États membres. Du coup, ces derniers dépendent totalement des marchés financiers pour leur financement. La spéculation s'est donc attaquée aux pays les plus fragiles et les plus endettés de la zone euro. La crise financière globale est devenue une crise de la zone euro. Ce n'est pas un hasard si la crise a débuté en décembre 2009 lorsque les marchés, constatant des déséquilibres croissants au sein de la zone euro, ont commencé à spéculer contre la dette souveraine de la Grèce, qui venait d'être « mise sous surveillance avec implication négative » par les agences de notation.

Le moins que l'on puisse dire est que la gestion de cette crise de la dette par les autorités européennes a été hésitante et incohérente. Après avoir refusé d'intervenir pour soutenir la Grèce au nom du principe du « *no bail out* » (pas de sauvetage d'un pays par les autres membres de l'Union), inscrit à l'article 125 du traité de Lisbonne, les gouvernements européens se sont résolus, lors du Conseil européen du 9 mai 2010, à mettre en place un dispositif provisoire de gestion de la dette grecque d'abord, puis de la dette irlandaise. Ce dispositif prévoit la création du Fonds européen de stabilisation financière (FESF), doté de 440 milliards d'euros qui seront empruntés sur les marchés financiers, et destiné à financer les pays en difficulté. Les aides dureront trois ans, et elles sont conditionnées à la mise en œuvre par les pays concernés de programmes d'austérité censés restaurer leur solvabilité. Le FESF s'inscrit dans un plan d'aide plus large qui comprend également un financement du FMI à hauteur de 250 milliards d'euros, lui aussi conditionné à la mise en œuvre de politiques d'austérité, dans la droite ligne des « plans d'ajustement structurel » de sinistre mémoire.

Le FESF pose plusieurs problèmes. Il ne permet aucunement à la zone euro de sortir de l'emprise des marchés. Les déficits publics, qui ont explosé à la suite de la crise financière déclenchée par les marchés financiers, vont continuer d'être financés par un recours à ces mêmes marchés. Les banques privées pourront ainsi continuer de se refinancer à 1 % auprès de la BCE et à prêter aux États, et maintenant au FESF, à des taux bien supérieurs. Certes, la BCE peut désormais acheter des obligations d'État, ce qui, apparemment, constitue pour elle une rupture de dogme. Mais, en fait, elle ne financera pas directement les États, puisqu'elle achètera ces titres aux institutions financières sur le marché secondaire. Il s'agit, en réalité, de donner aux banques l'assurance que ces titres seront garantis quoi qu'il arrive. La BCE joue ainsi le rôle d'assureur en dernière instance des banques, qui pourront tranquillement continuer de spéculer, étant certaines de trouver un acheteur. Enfin, les gouvernements n'ont même pas fixé de taux d'intérêt maximal au-delà duquel le FESF interviendrait automatiquement, ce qui aurait au moins freiné la spéculation.

La série noire des crises : après la Grèce et l'Irlande, le Portugal et l'Espagne ?

Les crises des pays de la zone euro se succèdent mais ne se ressemblent pas tout à fait. La crise grecque a été déclenchée par la publication de nouveaux chiffres qui montraient que la dette de l'État avait été sous-estimée par le précédent gouvernement Caramanlis, avec l'aide de banques comme Goldman Sachs. Ce haut niveau de la dette publique – le plus élevé de la zone euro, avec 140 % du PIB en 2010 – remonte à la dictature des colonels (responsable du quadruplement de la dette entre 1967 et 1974), puis aux Jeux olympiques de 2004, ainsi qu'au financement de matériel militaire importé de France et d'Allemagne... La crise irlandaise, elle, est directement liée à l'implosion de la bulle immobilière, en vertu d'un scénario proche de celui qu'ont connu les États-Unis et le Royaume-Uni. Avant la crise, l'Irlande avait des excédents budgétaires. C'est principalement le sauvetage des banques, confrontées à l'insolvabilité des ménages surendettés par l'achat de logements, qui a entraîné la montée brutale des déficits publics irlandais au niveau le plus élevé de la zone euro (32 % du PIB en 2010).

C'est pour tenter d'enrayer cette série noire que les autorités européennes et le FMI ont imposé préventivement de violentes cures d'austérité aux deux pays les plus menacés à court terme – le Portugal et l'Espagne – afin de « rassurer les marchés ». L'effort d'ajustement représenterait 8,5 % du PIB pour l'Espagne et 8 % pour le Portugal, soit sensiblement moins que les 16 % et 9 % imposés à la Grèce et à l'Irlande. On peut douter de l'efficacité de ces politiques, qui vont conduire ces pays sur le chemin de la récession et du chômage – il a atteint 19 % en 2010 en Espagne... La crise éconnomique et politique du Portugal en mars 2011 pourrait être suivie par celle de l'Espagne. De même, il n'est pas exclu que l'Italie, dont le taux d'endettement public est très élevé (environ 120 % du PIB), figure prochainement sur la liste noire.

Ces politiques d'austérité ne sont pas soutenables, car elles sont à la fois socialement injustes et économiquement inefficaces. Socialement injustes parce que ce sont les catégories sociales les plus défavorisées qui paieront le tribut le plus élevé. Économiquement inefficaces parce que la spirale récessive qui va frapper les pays les plus fragiles réduira leur capacité de remboursement de leur dette; cette capacité dépend en effet de la croissance (qui conditionne l'évolution des ressources de l'État) et du taux d'intérêt de la dette (qui résulte entre autres de la prime de risque).

Au total le plan d'aide, fondé sur les aides conditionnelles du FESF et du FMI, a été un échec. Les politiques d'austérité ont aggravé la situation des pays les plus fragiles, qui étaient supposés être aidés. Preuve de l'inefficacité de cette politique, l'Irlande et la Grèce ont connu une forte chute de leur production qui ne leur permet pas de dégager les ressources pour financer la charge de leur dette, dont le niveau va continuer à augmenter. Il est ainsi prévu que la dette grecque, loin de baisser, passera de 140 % à 160 % du PIB dans les prochaines années!

Deuxième preuve de l'échec du plan d'aide : les marchés – qui en demandent toujours plus – n'ont pas été « rassurés » par les politiques d'austérité. Les primes de risque de la Grèce et de l'Irlande n'ont pas baissé de manière significative en dépit de leurs plans d'austérité drastiques : fin novembre 2010, les taux d'intérêt à dix ans exigés par les investisseurs s'élevaient respectivement à 11,9 % et 9,3 % pour ces deux pays, alors que l'Allemagne (qui a la meilleure signature) ne payait que 2,7 % sur sa dette souveraine…

Le premier dispositif mis en place en mai 2010 ayant échoué, un nouveau plan est acté lors du Conseil européen du 28 novembre 2010. L'objectif est d'élaborer une stratégie pérenne de résorption des crises de la dette souveraine. Cette stratégie s'appuie sur deux piliers : un fonds d'aide aux pays en difficulté, comme dans le plan précédent, et – nouveauté – la possibilité de restructurer la dette, c'est-à-dire de rééchelonner (différer) son paiement, ou de réduire son montant pour les pays les plus endettés. Désormais, on admet l'éventualité d'une restructuration des dettes souveraines émises à partir de 2013 (à l'échéance du premier dispositif). C'est cette remise en cause de la garantie sur les dettes souveraines futures dans la zone euro qui a aggravé la défiance des marchés et déclenché la spéculation contre la dette irlandaise en novembre 2010. À nouveau, les autorités européennes ont commis une grave erreur. Il est clair qu'une restructuration des dettes est nécessaire pour alléger le fardeau des pays les plus endettés, comme on le montrera dans le chapitre final, qui présente nos propositions de sortie de crise. Mais, au lieu d'être reportée à 2013, cette restructuration devrait être effectuée rapidement, et pour tous les pays en difficulté, à commencer par la Grèce et l'Irlande.

La zone euro ressemble de plus en plus à un bateau ivre, livré à la spéculation, sans boussole ni pilote... Les gouvernements européens sont dépassés par la crise car, aveuglés par une idéologie néolibérale dépassée, ils ne sont pas capables de penser une autre politique.

Deux conclusions se dégagent de l'épisode de crise grave de la zone euro qui a débuté en 2009 :

– les politiques économiques néolibérales, fondées sur le mercantilisme et sur une concurrence exacerbée entre les pays membres, sont en grande partie responsables de la crise de la zone euro. Elles ont aggravé les divergences entre pays et fragilisé les nouveaux membres, dont la dette publique a explosé, créant les conditions d'une implosion de la zone euro ;

– l'absence de solidarité entre pays membres et le faible niveau de coordination des politiques économiques, inscrits dans les textes fondateurs de l'UEM, ont rendu impossible la mise en place d'une stratégie cohérente pour faire face à la crise.

Au total, la crise des dettes souveraines démontre le caractère incohérent et non soutenable de la construction européenne dans sa forme actuelle. Une sortie de crise «par le haut» impliquerait un changement radical des principes qui sous-tendent le fonctionnement de la zone euro. Il est vital de revenir sur le choix, fait à partir des années 1980 avec l'Acte unique et le traité de Maastricht, de construire une Europe gouvernée par les marchés et les grandes entreprises industrielles et financières.

Le «Pacte pour l'euro» : nouvelle tentative vouée à l'échec pour sauver la zone euro

Au printemps 2011, la crise de l'euro et de la dette publique se poursuit et frappe par contagion le Portugal, après la Grèce et l'Irlande. Lors du sommet des 23 et 24 mars, sous la pression des marchés, les gouvernements européens décident de réformer en urgence le traité de Lisbonne et d'élaborer un «Pacte pour l'euro».

Le Pacte pour l'euro généralise les politiques de rigueur salariale et budgétaire imposées à la Grèce et à l'Irlande : suppression de l'indexation des salaires, augmentation de l'âge légal de départ à la retraite, inscription dans les constitutions des Etats membres de mécanismes visant à empêcher les déficits et la dette publics, ou encore la réduction des cotisations patronales remplacées par une TVA dite «sociale» qui pénalise les bas revenus. Ces mesures ont été proposées par Angela Merkel avec le soutien actif de Nicolas Sarkozy qui veut faire de la zone euro une «grande

Allemagne bien gérée». Ce qui est inquiétant quand on sait que l'Allemagne est le pays qui a créé le moins d'emplois dans la zone euro depuis ses débuts en 1999 !
Les gouvernements européens affirment vouloir renforcer la solidarité entre les pays de la zone euro en pérennisant le «Fonds européen de stabilité financière» (FESF) et en renforçant le «Pacte de stabilité et de croissance». Curieuse solidarité ! Loin de redonner aux Etats des marges de manœuvre par rapport aux marchés financiers, cette réforme ne peut que resserrer l'étau de la dette et plonger la zone euro dans une crise économique, sociale et politique durable.

CHAPITRE 5

Une dette sous contrôle ? Les États-Unis et le Japon

Les États-Unis et le Japon occupent une place singulière dans l'économie mondiale. Les premiers parce qu'ils sont toujours la plus grande puissance, en dépit d'un affaiblissement relatif qui se confirme depuis plusieurs décennies. Leur économie, que confortent leurs possibilités politiques et militaires, prend appui sur une grande capacité de recherche et d'innovation, et elle tire pleinement parti du dollar, qu'elle a su imposer comme monnaie mondiale depuis presque soixante-dix ans. Dans ce contexte, l'accroissement de la dette publique et de la dette extérieure étasuniennes est un problème à la fois pour ce pays et pour le monde entier.

Jusqu'à une date récente, le Japon était présenté comme la puissance majeure de l'avenir tant son redressement et sa croissance avaient été rapides après la Seconde Guerre mondiale. C'était sans compter avec l'émergence d'autres « grands », notamment la Chine, qui vient de lui ravir le deuxième rang dans la hiérarchie des produits intérieurs bruts. Mais, surtout, le Japon connaît depuis une vingtaine d'années une perte de dynamisme durable : moindre avance industrielle, crises immobilière et financière et incapacité des politiques à assurer une croissance stable, malgré des taux d'intérêt presque nuls, l'ont placé dans une situation délicate. Au point qu'il connaît un taux d'endettement public proche du record mondial : environ 200 % du PIB. Certes, cette dette est interne, mais elle n'en a pas moins pour conséquence que le Japon se retrouve sous tension permanente.

Les États-Unis, victimes de leurs déficits ?

Au sortir de la Seconde Guerre mondiale, les États-Unis ont commencé à jouer un rôle prédominant dans le monde. Les raisons de cette prédominance, qui va aller croissant pendant plusieurs décennies, sont multiples mais ne seront pas examinées ici. Remarquons cependant que la place du dollar dans les échanges mondiaux en est un résultat en même temps qu'une cause. À partir des accords de Bretton Woods et de l'échec de la mise en place d'une monnaie internationale – le bancor que préconisait John Maynard Keynes pour les règlements internationaux – lors de la conférence de juillet 1944, le dollar s'était vu *de facto*, et souvent *de jure*, conférer « une valeur transcendante comme monnaie internationale ». Charles de Gaulle, alors président de la République française, ne se trompait pas quand il regrettait que « cette facilité unilatérale qui est attribuée à l'Amérique contribue à faire s'estomper l'idée que le dollar est un signe impartial et international des échanges, alors qu'il est un moyen de crédit approprié à un État ». De Gaulle se montra multilatéraliste quand, en la circonstance, il décrivit la nocivité de la confusion entre les fonctions d'une monnaie nationale et celles d'une monnaie de réserve internationale et de règlement des échanges internationaux : « Le fait que beaucoup d'États acceptent par principe des dollars au même titre que de l'or pour les règlements des différences qui existent à leur profit dans la balance des paiements américaine, ce fait entraîne les Américains à s'endetter, et à s'endetter gratuitement vis-à-vis de l'étranger, car ce qu'ils lui doivent ils le lui payent, tout au moins en partie, avec des dollars qu'il ne tient qu'à eux d'émettre[1]. »

La modification des rapports de forces économiques dans le monde

La situation du monde n'est plus, en 2011, celle qu'elle était en 1965; en particulier, la place économique des États-Unis s'est profondément modifiée. En 2008, le total des PIB de la Chine, de l'Inde, du Brésil et de l'Afrique du Sud représentait 50 % de celui des Etats-Unis; vingt ans plus tôt, il n'était que de 20 %[2]. Les quatre pays émergents affichaient en 2008 une valeur qui représentait 151 % de la richesse du Japon contre 57 % en 1987. L'objet n'est pas ici de prétendre que le PIB rendrait compte de la totalité de la réalité de ce que vivent les populations, mais simplement de mettre en perspective l'évolution du poids économique des États-Unis et du Japon avec quatre des principaux pays émergents.

La place des États-Unis dans le commerce mondial

Le commerce mondial a enregistré, lui aussi, de profondes modifications. Entre 1948 et 2009, les exportations mondiales sont passées de 59 milliards de dollars courants à

1. Conférence de presse du 4 février 1965.

2. Respectivement, en milliards de dollars courants, 7 390/14 591 et 886/4 497. PNUD, *Rapports sur le développement humain*, http://hdr.undp.org/fr/rapports/mondial/rdh1990.

12 178 milliards. Plus importants encore sont les bouleversements enregistrés quant à la place occupée respectivement par les États-Unis, le Japon et la Chine tout au long de ces années. On remarquera que les exportations étasuniennes, qui, en 1948, représentaient 22 % des exportations mondiales, ne comptent plus que pour 9 % en 2009. Au cours de la même période, les exportations chinoises, passant d'un demimilliard de dollars à plus de 1 200 milliards, ont crû de façon fantastique pour atteindre 9,9 % des exportations mondiales en 2009, contre moins de 1 % en 1949 [1]. L'évolution japonaise ne suit pas la même courbe : elle est très rapide jusqu'au début des années 1990, puisque les exportations japonaises atteignent près de 10 % des exportations mondiales en 1993, mais elles redescendent à 4,8 % en 2009.

S'agissant des importations, la part étasunienne dans le total mondial est à peu près stable, autour de 13 %, tandis que la proportion des importations chinoises s'est accrue pour dépasser 8 % et que celle des importations japonaises, décroissante tout au long des années 1990 et 2000, s'est abaissée à 4,4 %.

Même si Vladimir Poutine et Wen Jiabao ont annoncé que le rouble et le yuan seraient utilisés dans les échanges russo-chinois [2], et même si l'euro a vu, au cours de la décennie 2000, sa part dans les réserves de change passer de moins de 18 % à plus de 27 %, il reste que, à ce jour, le dollar étasunien représente encore, selon le FMI, plus de 62 % des réserves de

1. Rapports de l'OMC, en particulier les statistiques commerciales, notamment celles qui sont fournies en français : http://www.wto.org/french/res_f/statis_f/its2010_f/its10_world_trade_dev_f.pdf.

2. Saint-Pétersbourg, 23 novembre 2010.

change à la fin 2009[1]. Certes, il faut noter que, partant de plus de 71 %, ce pourcentage a régulièrement baissé tout au long de la décennie ; il s'agit d'une tendance lourde du rééquilibrage mondial marquant le déclin de l'influence étasunienne dans la réalité économique. Cependant, cette influence est encore primordiale au sein des institutions financières internationales, particulièrement le FMI et la Banque mondiale, où les États-Unis détiennent, *de facto*, un droit de veto[2].

L'origine de la dette étasunienne

La cause première de la croissance de la dette publique étasunienne est l'insuffisance des ressources publiques pour faire face à des dépenses arrêtées par le pouvoir fédéral. On sait trop que ces dépenses ne sont pas, au premier chef, décidées en faveur des citoyens ; il suffit de se souvenir du programme de « sauvetage » des banques ainsi que de la bataille – gagnée par les tenants du « ne touchez pas au capital » – autour de l'instauration d'une sécurité sociale plus large. Comptant parmi les promoteurs les plus actifs, à la fin des années 1970, du « consensus de Washington », qui visait notamment à défaire les politiques publiques dans les pays du Sud, les États-Unis ont été très pugnaces dans la défense des privilèges des plus riches en leur propre sein. Il est significatif à cet égard d'observer la répartition de leur revenu

1. FMI, « Currency Composition of Official Foreign Exchange Reserves (COFER) », http://www.imf.org/external/np/sta/cofer/eng/cofer.pdf.

2. Les droits de vote sont pondérés en rapport avec la participation financière. Les États-Unis en détiennent 16,79 %, l'Union européenne (Allemagne, France, Grande-Bretagne) 32,1 %. Le Japon vient après ce duo avec 6,01 %. La majorité qualifiée est de 85 % des droits de vote.

national. Depuis le milieu des années 1960, la part attribuée aux 5 % les plus riches va, globalement, décroissant, jusqu'à 15,6 % en 1981, pour remonter pendant les trois décennies suivantes [1]. Une étude d'Emmanuel Saez montre que les 10 % des Étasuniens les plus riches ont, en 2007, accaparé la moitié des revenus totaux du pays et dépassé le niveau atteint en 1928, à la veille de la Grande Dépression de 1929 [2]!

Dépenses militaires, profits et dette

Comparées à celles des autres pays, les dépenses militaires des États-Unis sont les plus importantes en valeur absolue, puisqu'elles représentaient en 2008 quelque 600 milliards de dollars sur les 1 500 milliards de dépenses mondiales officielles. Mais elles sont aussi les premières si on les rapporte au PIB (à l'exception du Moyen-Orient, notamment Israël, très lié aux États-Unis). Avec sensiblement plus de 4 % de leur PIB en 2008 [3], les États-Unis se situent largement devant la Chine (2 %) ou la Russie (3,6 %), par exemple. Les dépenses engagées par Washington pour mener la guerre contre l'Irak, qui comptent pour beaucoup dans les dépenses globales, sont l'archétype des opérations de transfert au bénéfice des

1. Observatoire des inégalités, http://www.inegalites.fr/spip.php?article154.

2. Emmanuel Saez, «The Evolution of Top Incomes in the United States», 15 mars 2008, http://elsa.berkeley.edu/~saez/saez-UStopincomes-2006prel.pdf, notamment les graphiques des pages 5 et 6.

3. Voir le très riche site interactif aux données très étendues de l'université de Sherbrooke (Canada) : http://perspective.usherbrooke.ca/bilan/servlet/BilanEssai?codetheme=12&codeStat=MS.MIL.XPND.GD.ZS&anneeStat1=2008&grandesRegions=0&codetheme2=2&codeStat2=x&mode=carte&afficheNom=aucun&langue=fr&noStat=1.

propriétaires du capital. Joseph Stiglitz et Linda Bilmes ont évalué les dépenses engagées par les États-Unis pour cette guerre à 3 000 milliards de dollars ; ils précisent en outre que c'est la première fois dans l'histoire des États-Unis que des dépenses militaires d'une telle ampleur sont financées par l'emprunt[1]. Au prétexte de lutter contre le terrorisme – dont l'objet de ce livre n'est pas d'apprécier le bien-fondé –, une part considérable de ces 3 000 milliards a, en effet, participé à l'accroissement des profits des sociétés concernées.

La divergence croissante des dépenses publiques et des recettes fiscales

Les dépenses publiques augmentent en proportion du PIB dans tous les pays de l'OCDE ; si elles en représentaient près de 28 % en 1960, c'était 40 % en 2006. Même si l'évolution est moins marquée aux États-Unis, la tendance est semblable, puisque les dépenses publiques y constituent 28 % du PIB en 1960 contre 36 % en 2006[2]. Or, dans le même temps, la fiscalité sur les bénéfices des entreprises est allée diminuant dans tous les pays de l'OCDE. Aux États-Unis, le taux moyen légal d'imposition des bénéfices, qui était de plus de 50 % en 1982, est tombé à environ 40 % en 2007[3] et à un minimum de 35 % au cours de l'exercice 2010.

Encore faut-il ne pas s'en tenir à la valeur faciale du taux d'imposition : entre le montant effectivement payé à

1. Joseph E. Stiglitz et Linda J. Bilmes, *Une guerre à 3 000 milliards de dollars*, Fayard, 2008.

2. Fondation IFRAP, http://www.ifrap.org/Croissance-du-PIB,1124.html.

3. Synthèses OCDE, août 2008, http://www.oecd.org/dataoecd/60/47/41106903.pdf.

l'administration fiscale et celui qui est légalement requis – 35 dollars pour 100 dollars de bénéfice –, il y a une marge considérable. On trouve d'abord une différence, plus ou moins importante selon les sociétés, entre le solde positif constaté à l'issue d'un exercice et le montant qui sera légalement déclaré comme bénéfice ; c'est l'application des différentes déductions qui conduisent à un impôt sensiblement inférieur aux 35 dollars initiaux. Ensuite, il y a l'« optimisation » fiscale, qui, légalement encore, permet à la société de trouver les meilleurs canaux pour payer un minimum de taxes. Ces canaux sont d'autant plus accessibles que la société est importante. C'est ainsi qu'en France le Conseil des prélèvements obligatoires relève dans son rapport entreprises 2010[1] le palmarès suivant : les sociétés de moins de 20 salariés ont un taux implicite d'imposition de 30 % ; ce taux est de 20 % pour celles de moins de 500 salariés, de 13 % pour celles de plus de 2 000 salariés et de 8 % pour les entreprises du CAC40. On est presque dans un rapport de 1 à 4 !

Plusieurs journalistes d'investigation – l'impôt sur les sociétés est un secret bien gardé – affirment même que les très grosses sociétés bénéficient d'une situation encore plus favorable que cela. C'est ainsi que l'on a pu lire que le groupe Total n'aurait pas payé un seul euro d'impôt sur les sociétés pour les exercices 2007, 2008 et 2009, malgré un profit officiel cumulé de 34 milliards d'euros. Deux pratiques au moins, qui ont cours dans de nombreux pays, sont ici utilisées. La première est celle dite du bénéfice mondial consolidé, qui

1. CPO, « Entreprises et "niches" fiscales et sociales : des dispositifs dérogatoires nombreux », http://www.ccomptes.fr/fr/CPO/documents/divers/Rapport_de_synthese_Entreprises_et_niches_fiscales_et_sociales_071010.pdf.

permet à la transnationale d'éclater son bénéfice dans les différents pays où elle intervient. L'essentiel desdits bénéfices est alors déclaré dans des pays délivrant un exequatur fiscal dans des conditions non publiques [1]. Par exemple, Total déclare une part importante de ses bénéfices en... Malaisie. Il va de soi que la concurrence fiscale entre les pays favorise très largement ces pratiques. La fraude fiscale et le recours aux paradis fiscaux constituent le deuxième type de pratiques. Il ne s'agit pas là de quelque jeu vaguement exotique, mais bien d'une activité qui coûte très cher aux finances publiques. Christian Chavagneux relate que les services fiscaux étasuniens estiment la fraude annuelle à 2 % du PIB, soit 330 milliards en 2008 [2]. Il est vrai que l'estimation pour la Grande-Bretagne est de... 6 % de son PIB ; en France, la somme s'élèverait à 40 milliards d'euros !

Michel Husson a publié, à partir de l'étude conduite depuis plusieurs années par le groupe d'audit KPMG, une note saisissante sur la baisse tendancielle de l'impôt sur les profits au cours des deux dernières décennies [3].

En mettant bout à bout les « optimisations » légales, les exemptions de bénéfices, la protection des grandes fortunes et des paradis fiscaux et l'absence de coopération fiscale, on comprend que les techniciens avouent, plus de deux cents ans après le Figaro de Beaumarchais, qu'ils peuvent tout entreprendre librement « sous l'inspection de deux ou trois

1. Un exequatur est une procédure juridique permettant d'exécuter une décision de justice étrangère.

2. *L'Économie politique*, n° 42, avril 2009, http://www.leconomiepolitique.fr/evasion-fiscale--contournement-des-regles-et-inegalites-_fr_art_836_42965.html.

3. Michel Husson, « La baisse tendancielle des impôts sur les sociétés », http://hussonet.free.fr/kpmg.pdf.

censeurs». Les États n'ont d'autre recours que d'emprunter auprès des marchés financiers, lesquels sont approvisionnés par les détenteurs de grandes fortunes. Ces derniers ne risquent pas grand-chose, puisque ces emprunts bénéficient de la meilleure garantie du monde, celle... des États. Le graphique 5-1 montre clairement que la courbe représentant l'endettement étasunien, exprimé en pourcentage du PIB, ne cesse de monter durant les trois dernières décennies, sauf pendant les huit années de la présidence Clinton, au cours de laquelle les préceptes néolibéraux ont été quelque peu adoucis.

Graphique 5-1 : La dette étasunienne

(en % du PIB)

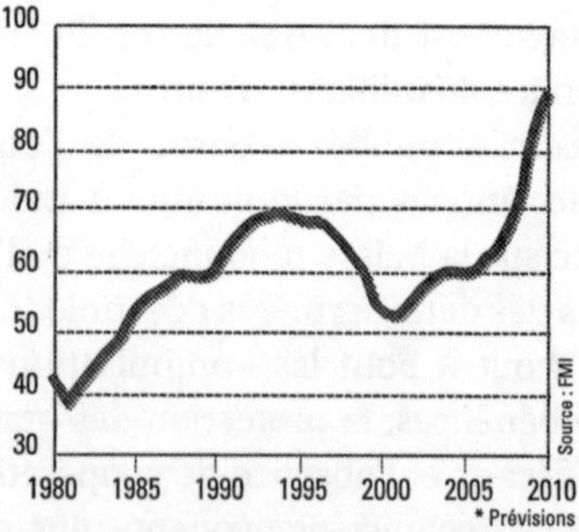

Source : *Alternatives économiques,* mai 2009 : http://www.alternatives-economiques.fr/dette-publique-americaine--en---du-pib_fr_art_834_42832.html.

Cependant, les chiffres réels de 2010 sont plus élevés encore : au 5 janvier 2011, la dette publique est supérieure à 14 000 milliards de dollars, représentant plus de 95 % du PIB du pays[1]. Par ailleurs, plusieurs économistes ont fait remarquer

1. US Debt Clock: http://www.usdebtclock.org/index.html.

que, pour mesurer la charge réelle de l'État, il conviendrait d'ajouter les garanties qu'il donne; dans ce cas, on passerait à 110 % du PIB étasunien[1]. À la même date, la dette privée était supérieure à 41 000 milliards de dollars. La dette publique représente maintenant quelque 35 % de la dette privée.

Privée ou publique, la dette trouve les ressources dont elle a besoin sur les marchés. Ceux-ci forment leur jugement à partir des notes attribuées par les agences de notation, oracles du capitalisme financiarisé auxquels tous se remettent. Que, pour d'obscures raisons, les pythies annoncent une mauvaise passe pour l'entité, publique ou privée, objet de leur attention, et la prédiction a de fortes chances de se transformer en prophétie autoréalisatrice. Deux de ces agences privées « réputées » se trouvent disposer du pouvoir exorbitant de faire ou défaire les politiques économiques[2]. Elles n'ont aucune légitimité à ce titre et, de surcroît, leur compétence ne relève guère que de la « science » dont se prévalait Nostradamus ! En revanche, elles s'inscrivent parfaitement dans la bien-pensance économique : lorsqu'elles tancent un État, c'est pour avoir envisagé une contribution publique de relance; jamais on ne les entend déplorer que les gouvernements n'augmentent pas l'impôt sur les profits ! Ainsi, un État ne doit pas se soumettre à une volonté politique exprimée démocratiquement, mais à un dogme rappelé par des grands prêtres, qui plus est payés par les marchés.

1. Selon Anthony Sanders, professeur à l'université George Mason, in *Le Monde*, 3 juin 2010, repris *in* Lettre CS Attac, n° 33, http://www.france.attac.org/spip.php?article11449.

2. Les agences Standard & Poor's, créée en 1860, et Moody's, créée en 1909, ont indiqué en janvier 2011 que leur sésame AAA, attribué à l'État étasunien depuis 1917, pouvait ne pas être éternel.

Qui souscrit à l'emprunt étasunien ?

Pour comprendre comment les États-Unis contrôlent leur propre dette, il convient de mieux connaître ceux qui l'approvisionnent. Les pays étrangers détiennent 31 % de la dette des États-Unis – soit 4400 milliards de dollars sur 14000 en 2010[1] –, dont plus de 23 % pour le Japon et la Chine seuls. Cela signifie que 69 % de cette dette sont détenus par les résidents étasuniens, à comparer aux 95 % qui constituent la part de la dette du Japon détenue par ses propres résidents. On mesure ainsi le degré d'indépendance des États-Unis par rapport à leurs besoins de financement. En outre, s'il est vrai que les États-Unis doivent s'acquitter des charges d'intérêts encourus sur ces 4 400 milliards, ce qui leur est payé chaque année sur les avoirs qu'ils détiennent, et notamment les investissements directs étrangers (IDE), est supérieur à ce qu'ils paient eux-mêmes à l'étranger[2].

D'une part, en effet, les IDE étasuniens constituent plus du tiers du PIB du pays, tandis que les IDE sur le territoire fédéral en représentent moins du quart. D'autre part, la rentabilité des premiers est près de trois fois supérieure à celle des seconds. L'ensemble de ces mécanismes, associés évidemment aux parités monétaires avec le dollar, conduisent au paradoxe suivant : le pays le plus endetté du monde n'est en rien pris financièrement à la gorge, puisque ses avoirs lui rapportent davantage que sa dette ne lui coûte !

1. Document établi par *The Guardian*, http://www.guardian.co.uk/news/datablog/2010/mar/09/china-federal-deficit-us-america-debt#data.

2. BIS Quarterly Review, décembre 2010 (accessible en partie en français) http://www.bis.org/publ/qtrpdf/r_qt1012.htm.

Bien que des auteurs comme Gérard Duménil et Dominique Lévy fournissent des chiffres indiquant une tendance à la modification de ce rapport au détriment des États-Unis[1], il reste que, aujourd'hui, ni la puissance publique ni, au demeurant, les entreprises, dont les profits ne cessent d'augmenter, ne paraissent être véritablement limitées dans le recours à la dette – publique pour la première, privée pour les secondes. En revanche, les ménages étasuniens semblent bien, eux, être parvenus au maximum d'endettement qu'ils puissent supporter ; or ils ont été l'ingrédient essentiel du déficit courant. Si les ménages consomment moins, on ne peut pas exclure que le recours à la dette pour financer l'économie prenne une autre allure.

La balance commerciale étasunienne

La question de la balance commerciale étasunienne risque d'être centrale dans les années qui viennent. Jusqu'alors, son déficit croissant n'a pas constitué une gêne pour le pays dans la mesure où il pouvait se procurer comme il l'entendait les liquidités dont il avait besoin ; on peut même penser que ce déséquilibre – en particulier avec la Chine, qui compte, fin 2010, pour plus du quart dans le déficit commercial – sert la politique générale du pays. Bien sûr, la bataille diplomatique entre la Chine et les États-Unis au sujet de la réévaluation du yuan s'affiche dans de nombreux communiqués, mais, en l'absence d'une politique de « relocalisation », dont l'amorce n'est pas même envisagée, Washington est trop heureux de permettre à ses consommateurs d'acheter à bas prix.

1. Gérard Duménil et Dominique Lévy, *The Crisis of Neoliberalism*, Harvard University Press, 2011.

Or, volonté politique ou soumission à la fatalité, les États-Unis achètent de plus en plus à l'étranger. Leur solde commercial n'a cessé de se détériorer tendanciellement depuis 1960. À cette date, il était positif d'environ 4 milliards de dollars courants ; en 2010, le déficit aura été de quelque 1 000 milliards, la chute ayant été particulièrement spectaculaire à partir du début des années 1980[1]. Les chiffres du Bureau of Economic Analysis de l'administration fédérale étasunienne montrent également la chute libre de la balance courante, notamment à partir des années 1990 (voir le graphique 5-2).

Graphique 5-2 : Évolution de la balance commerciale et de la balance courante des États-Unis de 1960 à 2006

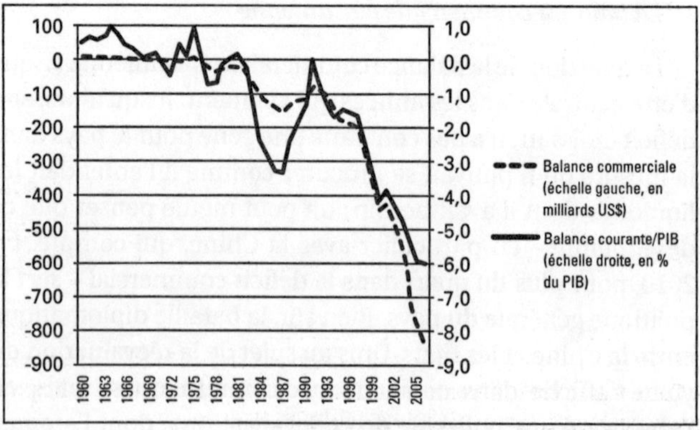

Source : Bureau of Economic Analysis.

NB : Il s'agit de la balance commerciale des biens.

1. Balance commerciale États-Unis, université de Sherbrooke : http://perspective.usherbrooke.ca/bilan/servlet/BMTendanceStatPays?codeTheme=7&codeStat=NE.RSB.GNFS.CD&codePays=USA&codeTheme2=7&codeStat2=x&langue=fr.

Cette « chute libre » inquiète, notamment parce que plusieurs études semblent montrer une corrélation inverse entre taux de croissance et niveau d'endettement public. En particulier, deux spécialistes de l'histoire économique – Kenneth Rogoff, ancien économiste en chef du FMI, et Carmen Reinhart –, qui ont conduit une étude portant sur plus de deux siècles[1], précisent que, entre 30 % et 90 % d'endettement, ils n'ont pas détecté de signe laissant penser que l'économie était affectée. Ils notent toutefois que, d'après l'examen qu'ils ont mené, au-delà de 90 % d'endettement par rapport au PIB le taux de croissance médian perdrait un point. Une présentation ne portant que sur huit pays émergents et industrialisés et comparant quatre niveaux d'endettement indique pour les États-Unis une croissance de 4 % pour un endettement inférieur à 30 % du PIB et une croissance négative de 1,8 % pour une dette supérieure à 90 %[2].

La confrontation entre la Chine et les États-Unis

La confrontation sino-étasunienne ne prend guère son essor véritable que dans les années 2000, au cours desquelles l'excédent chinois est multiplié par 10[3]. Elle ressemble

1. « This Time Is Different. A Panoramic View of Eight Centuries of Financial Crises », http://www.nber.org/papers/w13882. En français: « Cette fois, c'est différent. Huit siècles de folies financières », http://www.pearson.fr/livre/?GCOI=27440100810530.

2. « Croissance du PIB selon le niveau de dette publique », *Le Temps*, http://www.letemps.ch/Page/Uuid/f2f9a12a-fbd4-11de-8185-04da912e16fd.

3. « Chine : un partenaire commercial important avec un potentiel élevé », *Économiesuisse*, n° 2, 25 janvier 2010, http://www.economiesuisse.ch/web/fr/PDF%20Download%20Files/f_101125_dp02_Chine_v3.pdf.

un peu au jeu de la barbichette, dans lequel chaque joueur bombe le torse et où l'on est en droit de se demander qui est le plus préoccupé par la situation. Les autorités chinoises font régulièrement état de leur inquiétude au sujet du caractère insoutenable, à leurs yeux, de la dette de leur partenaire. Cette inquiétude s'accompagne d'ailleurs d'un « réajustement » dans la politique monétaire et financière de la Chine, visant à la prudence quant au contenu de ses avoirs extérieurs[1].

Cependant, ce qui semble préoccuper les analystes et les autorités chinoises bien davantage que la dette publique étasunienne, c'est la récession. On a vu en effet que les « placements » des États-Unis à l'étranger leur rapportent plus que ce que leur coûte ce qu'ils ont à payer pour ce qui est placé chez eux. En revanche, si Fannie Mae et Freddie Mac, les géants immobiliers dont le gouvernement étasunien possède désormais 80 % des actions, voient le cours de leurs actions chuter fortement en raison de la persistance de la crise immobilière entamée il y a trois ans avec les *subprimes*, la Chine fait pression sur son partenaire pour qu'il poursuive ses injections de ressources publiques, même si elles doivent être alimentées par le recours à l'emprunt.

Que le yuan soit, au dire de Washington, sous-évalué au regard du dollar ne semble guère être la préoccupation de Beijing, qui, imperturbable, continue d'acheter les bons du Trésor étasuniens, procurant ainsi à la première puissance économique mondiale des crédits bon marché. Bien

1. Bei Xu, « La Chine se désintéresse-t-elle de la dette américaine ? », *Natixis*, n° 63, 24 février 2010, http://cib.natixis.com/flushdoc.aspx?id=51902.

entendu, Washington réclame haut et fort une réévaluation du yuan, cherche à augmenter ses exportations, à diminuer le déficit de sa balance des paiements, et prétend vouloir réduire sa dette publique. Si le gouvernement passait à l'action en la matière, ce serait vraisemblablement, et fort heureusement, au moyen non pas d'un conflit armé avec la Chine, mais plutôt d'une dévaluation du dollar, dont le coût serait alors supporté par les travailleurs étasuniens et non par les compagnies qui les emploient et qui voient leurs profits augmenter. Cependant, ce mode de rapports entre les deux pays pourrait bien perdurer, comme on a pu s'en rendre compte en janvier 2011 lors de la visite d'État à Washington du président Hu Jintao, au cours de laquelle la Chine a signé avec les États-Unis des contrats d'achat pour un montant de 45 milliards de dollars, soit près de 20 % du déficit commercial étasunien à l'égard de Beijing !

Puisque la Chine, le Japon et… tous les *hedge funds* du monde se gavent, en tendance longue, de bons du Trésor étasuniens, pourquoi diable Washington s'inquiéterait-il ?

Japon : la dette publique « souveraine » sous tension

Parmi les pays du G7, le Japon, dont le dynamisme dépendait des exportations, est celui qui a subi la plus forte contraction de croissance en 2009 (–6,3 %), alors même que ses banques détenaient peu de « produits toxiques » dans leurs bilans et qu'aucune bulle immobilière ne s'était formée. Comme les autres grands pays industrialisés, le Japon a enregistré une baisse de ses recettes fiscales, tandis que les dépenses budgétaires augmentaient sous l'effet de plans massifs de soutien à la demande. À la différence de ce qu'on observe aux États-Unis, les dépenses militaires, qui ont baissé au cours des dix dernières années et représentent moins de 1 % du PIB [1], ne contribuent pas à l'accélération de l'endettement public.

Bien que la dette publique brute nipponne soit de l'ordre du double du PIB en 2010, sa notation souveraine est restée stable de 2002 au début de l'année 2011, et le yen n'a pas subi d'attaques spéculatives. De surcroît, le niveau des dépenses générales, hors service de la dette, du budget initial de l'année fiscale 2011 (avril 2011-mars 2012) devrait être maintenu, les postes sécurité sociale, aide aux PME et développement de la science étant en hausse [2]. On est donc bien loin de l'austérité budgétaire européenne. Toutefois, l'abaissement de la notation de sa dette souveraine à long terme, le 27 janvier 2011, de AA à AA– par Standard & Poor's est un signal de la vigilance accrue des marchés à l'égard des plans de réduction de dettes publiques, un signal qui ne s'adresse d'ailleurs pas seulement au Japon, mais également aux États-Unis et à l'Europe. Coïncidence étrange, le même jour, le FMI, dans sa mise à jour de janvier du *Moniteur des finances*

1. Stockholm International Peace Research Institute (SIPRI), military expenditure database, http://milexdata.sipri.org/result.php4 <http://milexdata.sipri.org/result.php4>

2. Le système budgétaire japonais comprend un budget initial, auquel s'ajoute un budget supplémentaire si les conditions macroéconomiques le nécessitent. Ce budget, adopté par le gouvernement en décembre 2010, a été voté par la Chambre des députés début mars 2011. http://www.mof.go.jp/english/budget/e20101224a.pdf <http://www.mof.go.jp/english/budget/e20101224a.pdf>. Les dépenses générales, hors service de la dette, ne devraient baisser que de 0,1% en 2011.

publiques, fustigeait les États-Unis et le Japon pour leurs nouvelles mesures de relance en 2011, cause du retard de leurs ajustements budgétaires, et précisait : « Dans les pays avancés où la viabilité des finances publiques ne préoccupent pas particulièrement les marchés, des plans [...] doivent être mis en place d'urgence pour pérenniser la bonne disposition actuelle des marchés[1]. »

La situation jusqu'alors atypique de la dette japonaise s'explique par une série de facteurs liés à la politique de l'endettement public et au contexte macroéconomique domestique, à la politique fiscale et, surtout, au mode de financement de la dette publique. Cette spécificité pourra-t-elle perdurer longtemps ? On peut en douter lorsqu'on entend le Premier ministre Naoto Kan déclarer le 28 janvier 2011 : « La chose la plus importante est de maintenir une discipline fiscale. »

Une dette croissante depuis le premier choc pétrolier

Le budget de l'État japonais est équilibré jusqu'en 1965[2]. Toutefois, la brutale décélération de l'économie en 1965 contraint le gouvernement à émettre des obligations d'État pour combler le déficit et relancer l'économie. La loi de finance de 1966 autorise l'émission d'obligations d'État spécifiques – les *construction bonds* – dans le seul cadre des investissements publics (infrastructures, participations au capital, prêts). Entre 1966 et 1974, le déficit est faible, mais la crise pétrolière de 1973 déclenche un nouveau tournant dans

1. http://www.imf.org/external/french/pubs/ft/fm/2011/01/update/fmindexf.pdf.

2. History of Japan Public Finance, http://www.mof.go.jp/english/budget/brief/2004/2004c_01.htm.

la politique budgétaire, les possibilités de recours à l'emprunt étant assouplies. Depuis lors, le montant de la dette publique japonaise ne cesse de croître.

Des dépenses sociales en hausse et des recettes non durables

La mise en place du système de protection sociale génère une grande partie des déficits budgétaires au cours de la première moitié des années 1970. Mais le premier choc pétrolier impacte fortement l'économie nipponne, ce qui se traduit par une stagnation des recettes fiscales, lesquelles, de surcroît, diminuent en 1973 avec l'adoption de mesures de baisse d'impôts. Dès 1975, il apparaît nécessaire de se doter d'un nouvel outil de financement budgétaire : ce seront les obligations d'État dites *special deficit financing bonds*, destinées à financer le déficit budgétaire courant hors investissements [1]. Pendant la seconde moitié des années 1970, la faible progression des recettes fiscales, due au ralentissement de la croissance, se combine à une vigoureuse politique de travaux publics en réponse aux pressions internationales de rééquilibrage de la balance commerciale. À la fin des années 1970, le tiers des dépenses budgétaires est couvert par des obligations d'État (voir le graphique 5-3).

1. Amendement à la loi de finance 1966, voté en 1975.

Graphique 5-3 : Évolution des recettes fiscales et des dépenses budgétaires du Japon (1975-2011)

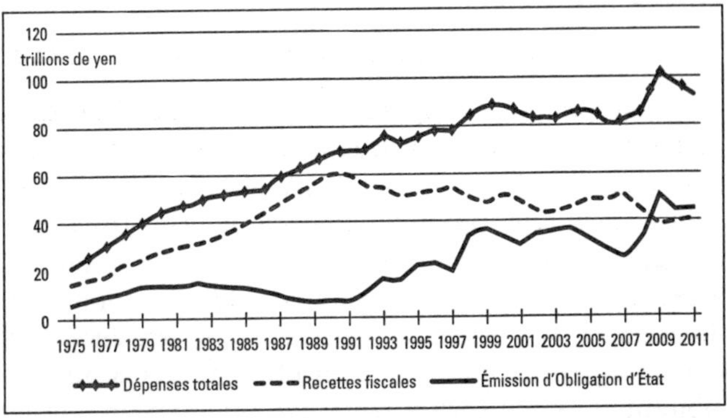

Source : Ministère des Finances,
Japan's Fiscal Condition, décembre 2010.
NB : Les obligations d'État représentent le cumul des *construction bonds* et des *special deficit financing bonds.*

Au cours des années 1980, des politiques de maîtrise des déficits publics sont conduites pour réduire l'émission des obligations d'État *special deficit financing bonds.* La compression des dépenses générales du budget public (sécurité sociale, travaux publics, éducation et sciences, défense, divers) passe par l'instauration d'un système de « plafond » pour toutes les demandes budgétaires, mais aussi par différentes réformes de la sécurité sociale visant à alléger les dépenses du Trésor public[1] (santé en 1983 et retraite en

1. En 1983 est votée une loi sur les services médicaux et de santé qui permet d'alléger les dépenses du plan d'assurance maladie nationale (prise en charge des coûts gériatriques par l'assurance maladie

1986). Toutefois, les modifications successives des barèmes de l'impôt sur le revenu amputent les recettes, le taux d'imposition pour les plus hauts revenus passant de 75 % à 50 % entre 1983 et 1989, alors que le nombre de tranches tombe de 19 à 5[1]. Les recettes budgétaires sont, par ailleurs, abondées par l'introduction d'une TVA à 3 % en 1989, ainsi que par le produit de la privatisation de la compagnie des chemins de fer nationaux et de deux autres entreprises publiques. La croissance dynamique de l'économie pendant les années de formation des bulles spéculatives et immobilières (1987-1990) gonfle les recettes budgétaires. Si bien que la part du financement des dépenses budgétaires par les obligations d'État passe de plus d'un tiers en 1979 à moins de 10 % en 1991. Mais cette embellie budgétaire est provisoire, car les recettes reposent sur des rentrées fiscales provisoires et sur une croissance dopée par la spéculation.

La dégradation tendancielle des recettes

L'éclatement des bulles spéculatives – boursière en 1990 et immobilière en 1991 – plonge l'économie japonaise dans une décennie de crise (1992-2002) pendant laquelle la croissance du PIB réel n'atteint que 1 % par an. Le ralentissement de l'activité conduit le gouvernement à initier, entre 1992 et 2000, douze plans de relance d'un montant total de 25 % du PIB 2000, fortement basés sur des investissements dans les travaux publics[2]. Ces plans soutiennent l'activité dans les

et les assurances santé des employeurs et des coopératives, fin de la gratuité des soins pour les plus de 70 ans).

1. Japanese Tax System, http://www2.ipcku.kansai-u.ac.jp/~hkyoji/englishpage/Japantax.htm.

2. Les dépenses effectives « real water » des plans de relance sont plus faibles (mesures déjà budgétées, pas entièrement réalisées...).

régions et contiennent le chômage [1]. Alors que les dépenses augmentent, les recettes chutent, sur fond de mesures d'assainissement fiscal trop précoces en 1997 (hausse de la TVA, suppression de crédits d'impôts, augmentation du ticket modérateur, réduction des dépenses de travaux publics...) [2] et de baisse des taux d'imposition sur les sociétés et sur les revenus à partir de 1998 [3] – année où la crise fait rage. Avant de contribuer à la hausse des recettes fiscales, le passage de la TVA de 3 % à 5 % en 1997 a d'abord freiné la consommation et accéléré le basculement de l'économie dans la récession. Une expérience à méditer à l'heure actuelle !

Après cette crise, le rebond de l'économie sur un rythme de croissance annuel moyen de 2 % entre 2002 et 2007 permet de réduire le déficit budgétaire de 8 % à 3 % du PIB. Néanmoins, le montant des recettes fiscales en 2007 est inférieur au pic atteint en 1990. Les baisses cumulées et répétées de l'impôt sur le revenu, notamment pour les tranches les plus hautes, et de l'impôt sur les sociétés, jointes à la baisse du taux de l'impôt sur les successions les plus élevées, ont fait leur œuvre [4].

1. Le pic du taux de chômage est de 5,4 % en 2002 : Statistics Bureau, Ministry of Internal Affairs and Communication.
2. Réforme fiscale Hashimoto : http://search.japantimes.co.jp/cgi-bin/nn19971128a2.html.
3. À partir de 1998, l'impôt sur les sociétés passe de 50 % à 40 % et l'imposition de la plus haute tranche de revenus est abaissée de 50 % à 37 %.
4. Ce taux passe de 70 % à 50 % en 2003, mais le taux effectif est proche de 30 %.

Les dépenses publiques au chevet de l'économie

Dès 2008, l'économie japonaise subit l'onde de choc du ralentissement des échanges mondiaux. En 2008 et 2009, la contraction de l'activité comprime les recettes fiscales, et les politiques keynésiennes de relance creusent le déficit public, qui passe de –3 % à –8,9 % entre 2007 et 2009. Le ratio « dette publique brute sur PIB » repart à la hausse après un repli entre 2005 et 2007. En dépit de l'endettement massif, le budget 2010 est expansionniste pour satisfaire les promesses électorales d'accroissement des transferts sociaux faites par le nouveau gouvernement de centre gauche. Pour la première fois depuis la Seconde Guerre mondiale, les emprunts sont supérieurs aux recettes fiscales dans le budget 2010, et ce sera encore le cas en 2011. Dès lors, comment le Japon parvient-il à relever le défi de son financement actuel ?

Les spécificités de la dette publique japonaise

Si le Japon est le champion de l'endettement public parmi les grands pays industrialisés, il a jusqu'à présent réussi le tour de force de financer facilement sa dette, qui plus est à un coût inférieur en 2011 à ce qu'il était en 1998, malgré un endettement public brut passé de 113 % à 204 % du PIB. Contrairement aux États-Unis, le Japon ne dispose pas d'une monnaie de réserve dominante permettant un endettement facile, mais il a beaucoup d'autres atouts.

• Un financement de la dette publique hors marchés

Le fait que 95 % de la dette japonaise était entre les mains des résidents en 2009 explique en grande partie l'absence d'attaques spéculatives contre le yen, la stabilité de la notation de la dette japonaise à court terme (A-1+) et même le faible abaissement de la notation de la dette à long terme par Standard & Poor's début 2011, sans effet de contagion immédiat aux autres agences de notation. De surcroît, plus de la moitié de ces détenteurs sont des investisseurs stables : institutions financières publiques ou agences gouvernementales. Aux États-Unis, les agences gouvernementales ne sont pas autorisées à jouer un tel rôle.

Le faible poids des investisseurs non résidents dans la dette japonaise – 5 %, à comparer aux 31 % pour la dette américaine, aux 54 % pour la dette allemande et aux 35 % pour la dette française – s'explique en premier lieu par l'absence de besoins de financements extérieurs compte tenu des excédents d'épargne nationaux. Mais d'autres raisons, comme le renchérissement des coûts de transaction lié à la faible internationalisation du yen, la liquidité réduite du marché des Japanese Government Bonds (emprunts d'État), ou encore le bas taux de rendement de ces obligations, peuvent aussi être avancées. Comme les détenteurs nippons de JGB acceptent leur faible rendement – majoré il est vrai par une déflation presque continuellement présente dans le paysage économique depuis 1998 – et comme les investisseurs étrangers pèsent peu dans le financement de la dette, il n'y a pas matière à spéculation.

• Le bonus des faibles taux de rendement des JGB

En dépit de l'augmentation de la taille de la dette publique, la part du PIB consacrée à son service s'est contractée en 2008-2009 par rapport à la période 1992-2004 grâce à la baisse des taux d'intérêt sur les obligations d'État à dix ans, passés de 5,6 % en janvier 1992 à 1,5 % en janvier 2009. En août 2010, ce taux est même tombé sous la barre des 1 %. L'appétit toujours aiguisé des résidents pour les JGB permet de maintenir à bas niveau les taux de rendement, qui sont par ailleurs poussés à la baisse par la déflation et des anticipations de faible croissance (voir le graphique 5-4).

Graphique 5-4 : Évolution des taux d'intérêt et du service de la dette publique japonaise (1975-2011)

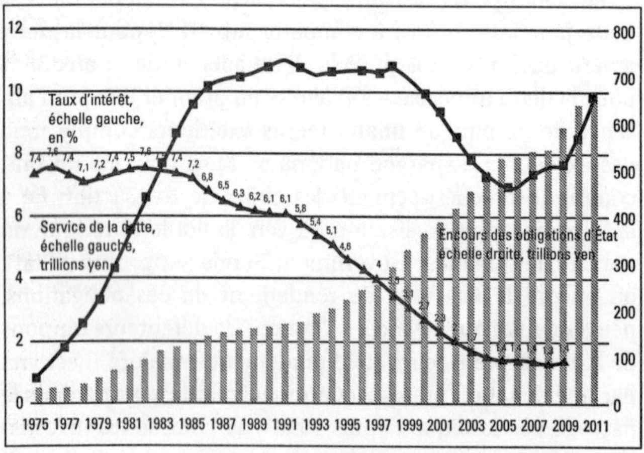

Source : Ministère des Finances, Japan's Fiscal Condition, décembre 2010.
NB : Il s'agit du budget révisé pour 2010 et du budget initial pour 2011.

Le financement de la dette coûte donc très peu cher au Japon. Cela permet à l'État de soutenir l'économie alors que les entreprises investissent peu, malgré leurs montants record de liquidités (203 trillions de yens, soit 2,41 trillions de dollars fin mars 2010), et que les ménages ne peuvent accroître significativement leur consommation faute d'augmentations salariales, de transferts sociaux massifs et de perspectives optimistes pour l'avenir. Mais il faut souligner que ce financement très bon marché de la dette repose sur l'abondance de l'épargne des ménages.

• Un stock d'épargne providentiel

Sans l'énorme stock d'épargne des ménages, la dette publique colossale ne pourrait être financée à si bas coût. Le stock d'actifs des ménages japonais est estimé à trois fois le PIB [1]. Fort d'une balance commerciale positive depuis des décennies et d'une balance courante largement excédentaire, le Japon est deuxième détenteur mondial de devises – 1 000 milliards de dollars en avril 2010, juste derrière la Chine.

Si la part des stocks d'investissements directs sortants dans le PIB est nettement plus faible au Japon qu'aux États-Unis (respectivement 13,9 % et 22,2 % en 2008 [2]), le stock des actifs totaux du Japon le place en position de première nation créditrice mondiale. Dans la balance des paiements, le solde des revenus d'investissement s'est nettement accru depuis une vingtaine d'années, et il est devenu supérieur au solde des biens et services sur la période 2001-2006 [3].

Mais cette situation de pays « rentier » peut-elle durer dans un contexte de vieillissement accéléré ? Il semble bien que la réponse soit négative. En effet, entre le début des années

1. Bank of Tokyo-Mitsubishi UFJ, « How Long Can Buying of JGB Be Sustained ? », *Economic Review*, vol. 5, 20 mai 2010.

2. UNCTAD, WIR 2009.

3. Caroline Newhouse-Cohen, « La balance des paiements », *Conjoncture BNP Parisbas*, juillet 2007.

1980 et 2009, le taux d'épargne des ménages est passé de 18 % à 2 à 3 %. Comme les plus de 60 ans désépargnent et que leur proportion va passer de 30 % à 35 % entre 2010 et 2020, leur taux d'épargne va encore baisser. Il pourrait même être légèrement négatif à cet horizon[1]. Et leur stock d'épargne se mettra à fondre… L'épargne nationale brute japonaise est déjà passée de 33,2 % à 27 % du PIB entre 1992 et 2007. Le gouvernement japonais doit donc prendre des mesures s'il veut garder la maîtrise de son endettement.

La maîtrise de la dette publique remise en question ?

Au Japon comme aux États-Unis, les réformes fiscales appliquées depuis les années 1980 se sont soldées par une baisse des recettes. Les deux pays, malgré des taux d'endettement public élevés, ont jusqu'à présent pu financer aisément leur dette publique – par les investisseurs domestiques dans le cas du Japon et en partie par l'étranger, notamment par les Asiatiques, dans celui des États-Unis. Contrairement aux Européens, ils peuvent encore soutenir leur économie par des plans de relance et mener des politiques industrielles. Mais pour combien de temps ? Dans l'avenir, leurs atouts maîtres pourraient changer : érosion du statut du dollar et de l'attractivité des bons du Trésor du côté des États-Unis, baisse du stock d'épargne domestique du côté du Japon. Pour mener à bien des politiques économiques autonomes, à l'abri des diktats du FMI et des marchés, il leur faudra trouver des solutions originales.

Le Japon devrait augmenter les recettes en relevant les impôts sur le revenu pour les tranches les plus élevées

1. Bank of Tokyo-Mitsubishi UFJ, « How Long Can Buying of JGB Be Sustained ? », art. cité.

(mesure qui devrait bientôt être appliquée, mais à un faible niveau) ainsi que les impôts sur les grandes sociétés (c'est le contraire qui sera fait dès 2011), et taxer plus lourdement les revenus du capital (mesure abandonnée). Au lieu de cela, le dossier du doublement de la TVA progresse, faisant peser une lourde menace sur la consommation. La hausse des recettes passe aussi par une redistribution des richesses, le partage de la valeur ajoutée étant particulièrement défavorable aux salaires, comme dans tous les pays de l'OCDE. La progression des salaires réels n'a été que de 1 % entre 1996 et 2006, malgré une croissance de la productivité réelle du travail supérieure à 20 %[1]. Et, pendant la crise, les salaires réels ont baissé… Dans ce contexte, l'originalité japonaise reposant sur le recours fréquent aux politiques keynésiennes en dépit de l'endettement et sur le circuit fermé du financement de la dette risque de voler en éclats.

Peu importent les techniques, pourvu que le capitalisme soit sauf !

La manière dont les États-Unis et le Japon ont traité leur dette publique, depuis la fin de la Seconde Guerre mondiale pour les premiers et depuis les années 1980 pour le second, est la parfaite démonstration de l'objectif suprême du capitalisme : veiller, comme on surveille le lait sur le feu, à ce qu'une part maximale de la valeur ajoutée soit régulièrement déplacée vers les revenus du capital – mécaniquement, bien

1. Martin Sommer, « Why Are Japanese Wages so Sluggish ? », *IMF Working Paper*, WP 09/97, mai 2009, http://www.imf.org/external/pubs/ft/wp/2009/wp0997.pdf.

entendu, au détriment des revenus du travail ! Sa réussite en la matière, particulièrement au cours des trois dernières décennies, malgré les habituelles fluctuations, a été splendide.

Que les Étasuniens épargnent peu et les Japonais bien davantage, que Washington emprunte largement à l'étranger et Tokyo fort peu, ou encore que les dépenses militaires des premiers soient considérables et celles des seconds plutôt faibles, tout cela ne change rien à l'objectif fondamental. La recette qui sert de fond de sauce est bien de mobiliser des ressources publiques pour « secourir » les entreprises privées. Elle est, comme on sait, souvent appliquée avec gourmandise en faveur du secteur bancaire et financier.

Il s'agit, aux différences culturelles près – qui vont d'ailleurs diminuant, comme en témoigne la déclaration du Premier ministre japonais citée plus haut –, de privatiser les profits et de socialiser les pertes. L'adage, aussi vieux que le capitalisme lui-même, est en réalité un principe fondamental de fonctionnement du système. Les revenus des propriétaires du capital sont évidemment les premiers concernés dans le processus, mais les rémunérations de tous ceux dont le « talent » est indispensable, quelle qu'en soit la forme, font partie aussi des moyens utilisés. C'est ainsi qu'aux États-Unis l'écart entre les rémunérations moyennes les plus élevées – qui dissimulent pourtant des inégalités considérables – et les plus basses a été multiplié par dix ces dernières années ; au Japon, c'est la montée rapide des emplois précaires qui creuse le plus les différences.

CHAPITRE 6

Que faire de la dette souveraine ? Comment se libérer du joug des marchés financiers ?

À ce stade, la question qui reste posée est : que faut-il faire pour sortir d'une telle situation ? Comme nous l'avons vu, c'est la forte accumulation de la dette du secteur privé au cours de la dernière décennie qui porte la responsabilité écrasante de la crise de la dette dans la zone euro. La reprise par les gouvernements des dettes du privé (essentiellement bancaires) et la baisse des recettes fiscales ont déclenché la crise des dettes publiques européennes. Pourtant, les recommandations du FMI et les politiques adoptées par les gouvernements de l'Union européenne visent, pour l'essentiel, à réduire les dépenses publiques et non à augmenter les recettes. Ce choix nous semble socialement injuste et économiquement inefficace. Injuste car il consiste à faire payer la note de la crise aux salariés et aux chômeurs. Inefficace car ces politiques de rigueur budgétaire et salariale ont pour résultat d'aggraver la situation et de nous plonger durablement dans une récession accompagnée d'un chômage de masse. De surcroît, les marchés financiers ne sont pas pour autant « rassurés », pas plus que la fièvre spéculatrice n'est calmée ! C'est pour cela qu'il faut rompre avec ces politiques inacceptables et libérer les économies européennes du joug de la dette et des marchés. Cela implique de restructurer à court terme les dettes souveraines en Europe, de s'attaquer frontalement au pouvoir des marchés et de jeter les bases d'une autre Europe, solidaire et écologique. Telles sont les conditions pour réaliser un programme résolu d'investissements publics répondant aux besoins sociaux et préparant la reconversion écologique de la société. Quelles sont les pistes qui nous permettraient d'avancer dans cette voie ?

Mettre fin à des politiques d'austérité généralisées inefficaces et injustes

Les recommandations du FMI et les politiques adoptées par les gouvernements européens consistent à contenir les déficits budgétaires et à réduire les dépenses publiques. Les réductions dont il s'agit concernent le nombre de fonctionnaires et leurs salaires, les services publics, les prestations sociales, mesures combinées à une hausse des tarifs dans les entreprises publiques, à une augmentation des tickets modérateurs dans les hôpitaux et à un allongement de la durée de cotisation pour la retraite. Les augmentations de recettes sont obtenues par un accroissement de la TVA (l'impôt le plus injuste) et par la privatisation partielle ou totale de différents services publics.

En résumé, les solutions adoptées par les autorités européennes, avec la bénédiction du FMI, sont des plans d'austérité d'une ampleur jamais vue. Ce durcissement des politiques néolibérales clairement destiné à préserver en priorité les intérêts des créanciers et des rentiers fait porter l'essentiel du fardeau des ajustements sur les salariés. Son impact est d'autant plus fort que ces politiques sont synchronisées dans toute la zone euro et qu'elles amplifient les difficultés que rencontrent les différentes économies.

Les politiques mises en œuvre par les gouvernements européens ne sont pas soutenables car elles sont à la fois socialement injustes et économiquement inefficaces. Socialement injustes, comme il vient d'être dit, parce que ce sont les salariés, les chômeurs et les catégories sociales les plus défavorisées qui paieront le tribut le plus élevé. Au premier rang parmi les victimes, les femmes, principales concernées par les bas salaires et le sous-emploi en raison du travail à temps partiel. Elles sont doublement affectées par la baisse des dépenses publiques, en tant que salariées et en tant qu'usagers, en raison de la place qu'elles occupent dans les emplois au sein du secteur public et du secteur social et parce qu'elles sont les premières à devoir pallier les conséquences de la dégradation des services publics (services à la petite enfance, éducation, santé...). Économiquement, les politiques d'austérité généralisées sont inefficaces, car elles se traduisent inéluctablement par un effet dépressif sur l'activité économique, entraînant une spirale récessive qui creuse davantage le déficit sans réduire les taux d'intérêt de la dette ni « rassurer » les marchés. Comme on l'a vu (voir chapitre 4, section « Les gouvernements désarmés face à la crise »), les primes de risque de la Grèce et de l'Irlande n'ont pas baissé de manière significative en dépit de leurs plans d'austérité drastiques. Il est temps de mettre fin aux politiques destinées à protéger les spéculateurs et les catégories les plus favorisées par une mobilisation de grande ampleur à l'échelle européenne.

Restructurer les dettes souveraines en Europe

La légitimité et la légalité des dettes doivent être soumises à un examen rigoureux. La dette creusée par les cadeaux fiscaux aux riches, la crise financière et le renflouement des banques est-elle légitime ? Une commission d'audit des dettes publiques doit être constituée et devra examiner les dettes souveraines. La gestion de la crise par les gouvernements en 2008-2009 a consisté pour l'essentiel à substituer de la dette publique à de la dette privée afin d'assurer la survie du système bancaire et de limiter la récession induite par la crise financière. Dans le cas de la France, par exemple, une partie importante de la dette publique antérieure à la crise a pour origine les exonérations fiscales (baisses d'impôts et de cotisations), dont le coût budgétaire est estimé à 100 milliards d'euros par an, en faveur des détenteurs du capital et des classes sociales les plus favorisées (le bouclier fiscal n'en représentant qu'un tout petit aspect). Pour ces raisons, une large fraction des dettes souveraines peut être considérée comme illégitime, et la grande majorité des contribuables n'a pas à en subir le coût. À l'inverse, il apparaît légitime que ceux qui détiennent des titres de ces dettes supportent une part du fardeau de l'apurement de dettes souveraines dont ils portent en grande partie la responsabilité. Faire payer ceux qui se croyaient à l'abri du risque semble être une solution de bon sens. Cela pourrait peut-être les inciter à être plus prudents à l'avenir et à calmer la spéculation contre les États.

Qu'entend-on par dettes illégitimes et odieuses ?

Ces expressions désignent les dettes dont l'origine et l'usage ont été contraires aux besoins et intérêts des peuples à qui on fait supporter le fardeau. Ces dettes découlent de décisions du pouvoir en place au moment où elles ont été contractées et qui n'engagent que lui. Aussi, elles devront être évaluées par un comité d'audit citoyen qui jugera de leur validité : si elles résultent d'un abus du pouvoir des marchés financiers et des créanciers sur le pays, ou si elles correspondent à des pots de vin versés en échange de contrats aux firmes transnationales, ou à des cadeaux faits aux catégories privilégiées, elles seront déclarées illégitimes, dénoncées et répudiées.

Les dettes qui seront qualifiées d'illégitimes, d'odieuses ou d'illégales devront être déclarées nulles. Le pays pourra refuser de les rembourser, tout en demandant des comptes en justice tant auprès des autorités ayant lancé les emprunts concernés qu'auprès de ceux qui les ont souscrits (voir le chapitre 1).

Pour le reste, il faut restructurer la dette publique. Cela passe d'abord par la mise en place d'un mécanisme de défaut par lequel les États répudieraient tout ou partie de leur dette publique. Ils pourraient par ailleurs exiger le plafonnement du service de la dette publique à un certain pourcentage du PIB, en opérant une discrimination entre les créanciers selon le volume de titres qu'ils détiennent : les très gros rentiers (privés ou institutionnels) devront consentir des remises, des annulations partielles ou totales, ou encore un allongement sensible du profil de la dette. Les taux d'intérêt exorbitants des obligations d'État émises par les pays en difficulté depuis la crise devront être renégociés.

En contrepartie de ces aides, les pays concernés devront s'engager non pas à appliquer les sévères politiques d'austérité budgétaire dont les salariés, les chômeurs et les classes défavorisées sont les premières victimes, mais à mettre en œuvre de véritables réformes de leurs politiques économiques et fiscales, coordonnées à l'échelle européenne, qui permettraient aux États de ne plus être pris en otage par les marchés financiers et les spéculateurs.

Transformer profondément la fiscalité

Au sein de l'Union européenne, les systèmes fiscaux sont restés largement nationaux, et les pays se livrent une forte concurrence fiscale. Celle-ci est présentée par le discours dominant comme le seul moyen de favoriser l'allocation optimale des ressources. Elle est également supposée favoriser une bonne gestion de l'argent public et limiter la pression fiscale. En réalité, la concurrence fiscale s'est traduite par le développement de stratégies de dumping fiscal et social. L'exemple de l'Irlande à cet égard est significatif, mais il n'est pas isolé. Le dumping fiscal, ce sont les entreprises qui en profitent, car elles ne sont imposées qu'à 12,5 %. Le dumping social est pour les salariés, les retraités, les petites et moyennes entreprises, qui subissent les conséquences des allégements offerts aux multinationales et à leurs actionnaires pour les attirer ou les retenir (voir le chapitre 5). Ainsi, non seulement la concurrence fiscale a aggravé le déséquilibre du système fiscal (les impôts indirects prédominent) et contribué à accélérer le développement des inégalités (favorisées par les baisses de l'impôt progressif sur le revenu et celles sur le stock et les revenus du patrimoine), mais elle est très loin d'avoir bénéficié à l'activité économique. Au contraire, ces baisses ont mécaniquement gonflé la capacité d'épargner et de spéculer de certains agents économiques, essentiellement ceux disposant des plus hauts revenus. Ces derniers sont les grands gagnants de la concurrence fiscale : ils bénéficient d'allégements d'impôts importants, profitent de l'action publique et peuvent se livrer au nomadisme fiscal, c'est-à-dire ouvrir des comptes ou des filiales dans des territoires à fiscalité faible, voire s'y domicilier.

Tous les systèmes fiscaux de l'Union ont connu une baisse des taux les plus élevés (les taux marginaux) en matière d'impôt sur le revenu et une baisse des taux nominaux et effectifs en matière d'impôt sur les sociétés. Pour rétablir les recettes publiques, il est temps de réformer la fiscalité et de la rendre plus juste, avec une taxation des grandes fortunes et des hauts revenus, ainsi que des profits des entreprises. Il est temps d'instaurer un revenu maximum.

Quant aux investisseurs étrangers, ils devraient être imposés à la source ; ils contribueraient ainsi au financement des politiques publiques, alors que la tendance baissière de l'imposition sur les sociétés gomme cet aspect contributif. L'instauration de règles communes permettant la détermination des bases et la fixation d'un taux minimum d'impôt sur les sociétés sont indispensables, au moins au sein de l'Union européenne. Les avantages qui pourraient être retirés d'une telle mesure sont évidents : augmentation des recettes publiques et limitation de la concurrence fiscale. En même temps, l'exploitation des disparités de législation fiscale serait limitée, et le contrôle fiscal à l'échelle européenne facilité.

Mettre en place une politique économique et sociale au service des populations

La réduction radicale de la dette publique est une condition nécessaire mais pas suffisante pour sortir les pays de l'Union européenne de la crise. Il est clair que la sortie de crise et, au-delà, la construction d'une véritable Europe passent par une nouvelle conception des politiques économiques au sein de l'Union, tant en termes d'organisation que d'instruments et de finalités. La conception néolibérale de la gouvernance européenne, qui a inspiré le Pacte de stabilité et de croissance, a été un échec face à la crise. Elle a privilégié la concurrence entre les pays européens, avec un dumping social et fiscal, moins d'action publique, moins de solidarité, le but étant de triompher contre les autres.

Il est grand temps d'abandonner ce type de politique. Au principe de coordination par la concurrence des États, nous opposons le principe de coordination fondée sur la solidarité des pays membres. L'un des enjeux est de chercher à organiser les synergies entre ces pays et de mettre en place des transferts de ressources provisoires des pays les plus riches vers les pays les plus endettés. Cette stratégie devrait s'imposer dans une zone monétaire dont les membres sont dotés de caractéristiques hétérogènes et sont donc en proie à des chocs asymétriques. La meilleure façon de faire face à ces asymétries est d'utiliser les instruments que sont les politiques budgétaires et fiscales et de les coordonner à l'échelle européenne. Ce processus doit être accompagné de toute une série de réformes radicales avec des objectifs clairs, comme le lancement d'un plan massif d'investissement, la création d'emplois et de services publics européens, afin de permettre l'émergence d'une société solidaire, la transition écologique, et de lutter contre le changement climatique.

La forte hausse du chômage en Europe n'est pas une fatalité. Pour réparer les effets dévastateurs de la crise, les pouvoirs publics pourraient et devraient être en première ligne, comme ils ont si bien su le faire quand il s'est agi de sauver les banques. Des mesures de soutien au marché du travail et aux chômeurs en difficulté seraient bienvenues. La mise en place de politiques budgétaires et fiscales européennes coordonnées et communes – au niveau des États comme à celui de l'Union européenne – est une nécessité à moyen terme pour contrebalancer le rôle exorbitant de la politique monétaire unique et favoriser un *policy mix* qui permette de se doter, à l'échelle européenne, d'une économie dynamique et innovante et d'assurer une meilleure qualité de vie aux citoyens. Pour cette raison, il faut exiger non seulement l'abandon des réformes qui ont aggravé le quotidien de millions de salariés et de chômeurs à travers l'Europe, mais aussi l'adoption de mesures qui, au contraire, promouvraient de véritables services publics.

Pour une autre politique monétaire

La politique monétaire actuelle, commune à toute la zone euro, n'est pas adaptée à une stratégie de sortie de crise. On l'a dit : l'article 125 du traité de Lisbonne interdit explicitement à la BCE de venir au secours d'un État, puisqu'il dispose que «les États doivent assumer seuls leurs engagements financiers, et [...] ni l'Union ni les autres États ne peuvent les prendre à leur charge». Pourtant, la crise a bien montré qu'elle ne saurait être confinée à l'intérieur des frontières d'un pays, et ce d'autant plus que la monnaie est commune. D'où la nécessité de privilégier la solidarité entre les pays de la zone euro. À deux reprises, la BCE a dû enfreindre l'article 125 pour faire face à la crise de la dette souveraine dans la zone euro. Dès mai 2010, comme la Fed mais avec un certain retard, elle a entrepris de racheter les obligations souveraines des pays les plus endettés de cette zone afin de contrer, avec un succès limité, l'envolée des primes de risque. À ces mesures «non conventionnelles» s'est ajouté un autre revirement doctrinal de la BCE : l'assouplissement des exigences de qualité (notation) des titres apportés par les banques en garantie pour obtenir des liquidités auprès d'elle, le seuil minimal de notation des titres admis par la BCE étant supprimé «jusqu'à nouvel ordre»...

Il découle de ces évolutions que deux réformes s'imposent au niveau européen : d'une part, il faut supprimer le Pacte de stabilité et de croissance, qui a volé en éclats avec la crise, et le remplacer par un Pacte pour l'emploi et l'écologie ; d'autre part, il convient d'abroger les articles 63 et 125 du traité de Lisbonne interdisant tout contrôle des mouvements de capitaux et toute aide à un État en difficulté, sans préjuger du remplacement complet des traités européens par un nouveau traité démocratique. Les difficultés de la Grèce à résister à la pression des marchés financiers ont prouvé que ce traité et ce pacte étaient caducs et contraires à l'impératif de coopération entre les membres de l'Union européenne ou de la zone euro.

En l'absence d'une réelle solidarité entre les pays membres de la zone euro, on peut s'interroger sur l'efficacité d'une politique commune. Ainsi, personne n'est dupe : la création d'obligations européennes, des *eurobonds*, pour réduire les coûts du financement des pays les plus endettés ne modifiera pas la perception des risques par les investisseurs et ne relâchera donc pas la pression des marchés. La solution adoptée – qui consiste à assortir, à partir de juin 2013, toutes les obligations émises par les États européens d'une « clause d'action collective » prévoyant que, si un pays n'est pas en mesure de rembourser sa dette, tous les investisseurs devront se réunir et indiquer comment lui apporter de l'aide – n'est pas la bonne. Elle livre le pays en question à la pression des créanciers et à leur bon vouloir. L'incertitude subsistera tant que la solidarité européenne sera une solidarité de façade, se mettant au service des spéculateurs au lieu de les mettre à contribution. Les marchés ne cesseront pas de tester la crédibilité et la solidité de ce dispositif.

La première leçon qui se dégage est que, parallèlement aux opérations de restructuration de la dette, il est important que soit à nouveau rendue possible la création monétaire par la banque centrale au profit des États (par une monétisation des déficits publics lorsque ceux-ci seraient nécessaires). Une telle réforme de la politique monétaire implique que soit remise en cause l'indépendance de la BCE à l'égard du pouvoir politique.

La deuxième leçon est que les statuts de la Banque centrale européenne sont trop rigides et aujourd'hui dépassés. Non seulement la BCE doit financer les banques de par son rôle de

« prêteur en dernier ressort », mais elle doit également désormais assurer le bouclage du marché de la dette publique en tant que « payeur en dernier ressort ». Cette brèche dans l'application de ses statuts laissera des traces après la crise : à l'avenir, le principe devra être posé (imposé) selon lequel le financement des déficits publics doit être en partie assuré par la BCE, en fonction des objectifs économiques, sociaux et environnementaux, même si des contraintes de stabilité monétaire et financière doivent être prises en compte. En complément, la BCE devrait pouvoir acheter directement leurs obligations aux États.

Une troisième leçon est que la politique monétaire doit différencier les activités qui visent à satisfaire les objectifs économiques, sociaux et environnementaux et celles qui relèvent d'opérations de spéculation. Elle doit être fondée sur une dualité de taux d'intérêt : taux bas pour les financements d'investissements créateurs de richesses et d'emploi, taux très élevés pour dissuader les opérations spéculatives.

Une dernière leçon de la crise de la dette souveraine est que, contrairement à ce que laissent entendre les institutions internationales et le discours dominant des économistes, un État ne peut pas faire faillite au sens du droit privé. Car, contrairement à une entreprise, qui peut être amenée à disparaître en raison de son insolvabilité, un État dispose de deux moyens pour faire face à un déficit et à une dette excessifs : recourir à la création monétaire et lever des impôts.

Face à la crise financière, qui a démontré le caractère dangereux et non soutenable de la finance libéralisée, deux priorités s'imposent : mettre en place un pôle bancaire et financier public à l'échelle européenne et construire une nouvelle architecture financière internationale.

Socialisation des banques à l'échelle européenne

Plutôt que d'obliger les banques à assumer les pertes financières liées à leurs mauvais choix, les autorités monétaires et les gouvernements ont tenté de socialiser les pertes en les faisant remonter soit dans les budgets publics, soit à l'actif de la banque centrale. Mais l'aide apportée par les États aux banques a été utilisée par ces dernières pour spéculer contre les pays européens considérés comme les plus fragiles. La finance a mordu la main qui l'a secourue. Les banques privées d'Europe occidentale ont donc une très lourde responsabilité dans l'endettement excessif de pays comme la Grèce et dans la spéculation qui a contribué à l'aggravation de la crise. Elles ont utilisé l'argent que leur prêtait massivement et à bas coût la Banque centrale européenne pour augmenter leurs prêts à des taux de plus en plus élevés, afin de réaliser des profits encore plus importants. Et quand les banques ont pris peur face à la situation de la Grèce, de l'Irlande, du Portugal et de l'Espagne, qu'elles avaient contribué à créer, les autorités monétaires et politiques se sont de nouveau portées à leur secours. Et dire que l'opération de soutien aux banques qui détenaient des titres de la dette grecque a été présentée comme une action de sauvetage de la Grèce, de l'Irlande ou du Portugal ! D'ailleurs, les taux pratiqués dans ces plans de « sauvetage » laissent pantois : l'aide a été accordée à l'Irlande à un taux d'environ 6 % (5,2 % pour la Grèce en mai 2010), quand dans le même temps la BCE fournit des liquidités aux banques à un taux d'environ 1 % !

La monnaie étant un bien public, la création monétaire doit être contrôlée par la collectivité et ne peut être décidée par des acteurs privés en fonction de critères de rentabilité. Le système bancaire ne doit donc pas être régulé par le marché et la concurrence. Les États ont apporté des financements publics massifs aux banques pour sauver ces dernières de la faillite. Il en découle que la collectivité doit désormais avoir un droit de regard sur le fonctionnement des banques. Ce n'est pas la dette qu'il faut socialiser, mais les banques ! Nous devons donc exiger la mise en place d'un *pôle financier public*, notamment à l'échelon européen. Les banques renflouées par les fonds publics devront rapidement être socialisées, c'est-à-dire nationalisées et placées sous le contrôle démocratique des salariés, des citoyens et des pouvoirs publics. Pour être efficace, cette socialisation devra se faire à l'échelle européenne. Les banques trop endettées devront être mises en faillite, sans indemnisation des créanciers et des actionnaires qui ont accumulé les profits en jouant avec le feu. Quant aux banques de dépôt, l'opinion publique a compris désormais qu'il faut exiger qu'elles soient mises au service des citoyens et leur interdire de prendre des positions spéculatives et d'avoir des filiales dans les paradis fiscaux. Il faut profiter de cette prise de conscience pour séparer nettement les banques de dépôt et les banques d'affaires.

Désarmer la finance

Chercher à « rassurer les marchés » est vain, puisque toutes les mesures prises dans ce but depuis le début de la crise ont échoué, qu'il s'agisse des programmes d'austérité, pourtant exigés par les marchés eux-mêmes, ou des dispositifs de gestion de la crise de la dette, mis en place par les autorités européennes en 2010. Ainsi, plutôt que de donner des gages aux marchés, il faut s'attaquer au pouvoir de la finance de marché par tous les moyens. Les principaux axes de cette lutte sont bien connus : suppression des paradis fiscaux, taxation des transactions financières, contrôle strict des *hedge funds*, des marchés de produits dérivés et des agences de notation, normes comptables... Autant d'objectifs énoncés par les sommets successifs du G20 sans résultats significatifs.

En ce qui concerne la lutte contre la spéculation sur les marchés de la dette souveraine, trois mesures sont prioritaires :

• l'interdiction des ventes à découvert, qui permettent de spéculer sur la baisse d'un titre en vendant ce titre à terme alors qu'on ne le détient même pas. Une telle interdiction a été édictée en Allemagne, mais les autorités françaises y sont opposées ;

• la fermeture des marchés de gré à gré de produits dérivés, qui sont des marchés opaques, échappant à toute réglementation et à toute surveillance. Le principal vecteur de la spéculation contre la dette grecque a été le marché des CDS (*credit default swaps*), sorte de produits d'assurance permettant à un investisseur financier de se protéger contre le risque de non-remboursement d'un débiteur ou, symétriquement, de spéculer sur le risque de défaut d'un emprunteur. Or un spéculateur qui ne détient pas de la dette, et qui n'a donc pas besoin de se couvrir contre le risque de défaut, peut quand même acheter un CDS et espérer le revendre plus cher par la suite. C'est un peu comme prendre une assurance incendie sur la maison de son voisin et avoir intérêt à ce qu'elle brûle ! La demande de CDS par des spéculateurs fait augmenter leur prix. Ce prix élevé est alors interprété par les marchés comme une indication objective du risque du pays, lequel, par conséquent, a plus de difficultés à emprunter sur le marché obligataire et doit offrir des taux d'intérêt plus élevés. On en voit les conséquences. Les autorités européennes ont une politique dangereuse et incohérente à ce sujet car, pour des raisons idéologiques, elles ont encouragé la concurrence entre les marchés organisés (surveillés) et les marchés de gré à gré (*dark pools*) avec la directive MIF (Marché des instruments financiers). Plus récemment, à la suite de la crise, elles ont mis en chantier une nouvelle directive qui vise à inciter les opérateurs sur les marchés de gré à gré à s'enregistrer auprès de chambres de compensation, ce qui ne remet nullement en cause l'existence de ces marchés ;

• l'application aux agences de notation de règles strictes et la création d'une agence publique européenne. Les agences de notation ont une part importante de responsabilité dans le déroulement de la crise des dettes souveraines en Europe. En dégradant brutalement, de manière excessive, la notation des dettes souveraines, elles ont déclenché des mouvements de panique et de spéculation sur les marchés, mettant en danger la stabilité de l'ensemble de la zone euro. Les autorités européennes ont décidé en décembre 2010 de placer les agences de notation sous la tutelle de l'ESMA (European Securities and Markets Authority), l'une des autorités paneuropéennes qui doivent démarrer leur activité en 2011 dans le cadre de la nouvelle architecture de supervision financière de l'Europe. Cette décision est insuffisante, car elle ne remet pas en cause la logique purement financière des agences de notation. La décision qui s'impose, mais qui n'a pas été retenue, serait la création d'une agence de notation publique européenne, fonctionnant selon des normes objectives et différentes des agences privées.

Toutes ces mesures ne doivent pas être prises dans un lointain futur, mais dans l'immédiat. Nous ne sommes pas condamnés à voir se poursuivre le *business as usual* sans rien faire. Ainsi, si un véritable gouvernement de gauche arrivait au pouvoir en France, il pourrait immédiatement proposer cinq mesures urgentes à mettre en application en France et dans l'Union européenne :

1° Audit de la dette sous contrôle citoyen ; en fonction des résultats, annulation des dettes qui seront qualifiées d'illégitimes ou d'illégales, ou bien restructuration et mise en place d'un mécanisme de défaut par lequel les États pourraient répudier tout ou partie de leur dette publique ayant des effets indésirables sur l'économie du pays. Quant au service de la dette publique, il devra être plafonné en fonction de l'état de l'économie et de la capacité des États à rembourser, à l'exemple de ce que prévoyait en 1953 l'accord de Londres sur la dette allemande, stipulant que la relation entre service de la dette et les revenus d'exportations ne devait pas dépasser 5 % [1].

2° Suppression des niches et fin des exonérations fiscales. Non à l'abaissement de l'impôt de solidarité sur la fortune, à l'heure où toutes les études sociologiques montrent que les inégalités sociales se sont creusées en France du fait d'un accroissement des inégalités de patrimoine. Les plus riches peuvent et doivent participer à la réduction des déficits publics, dont ils profitent par ailleurs !

1. Voir de Éric Toussaint, *Banque mondiale : le coup d'État permanent*, Liège-Paris-Genève, CADTM-Syllepse-CETIM, 2006, chapitre 4.

3° Établissement d'un calendrier de rétablissement de l'impôt sur les sociétés au taux prévalant jusqu'en 1985, c'est-à-dire 50 %.

4° Négociations au sein de l'Union européenne pour l'adoption progressive d'une fiscalité européenne sur les bénéfices des sociétés.

5° Négociations au sein de l'Union européenne pour obliger la BCE à financer la dette publique des États, qui ne doivent pas subir les diktats des marchés financiers. Si un montant maximum d'endettement est adopté, il doit s'accompagner de la définition du contenu autorisé d'endettement public.

Ces propositions montrent qu'une alternative existe aux politiques qui sont mises en œuvre aujourd'hui. Loin de tirer les leçons qui s'imposent pour sortir de la crise, les gouvernements des pays de l'Union européenne nous entraînent dans une voie où le règne de la finance, de la concurrence et du profit conduit à aggraver les conditions de vie de millions de personnes. Des alternatives existent et devront être discutées dès lors qu'il s'agira d'assurer un développement socialement juste et écologiquement soutenable à long terme. Nous ne pouvons pas laisser une infime minorité décider, contrôler et imposer ses choix quant à l'avenir de l'humanité.

La crise est aujourd'hui économique, sociale, écologique et politique, mais elle n'est pas fatale. Un autre monde, fondé sur le bien être collectif et la solidarité, est possible. Une mobilisation à l'échelle européenne l'est également, il nous reste à en donner l'exemple !

La CES et la dette publique

La Confédération européenne des syndicats (CES) a clairement pris position contre les plans d'austérité[1], a condamné très fermement la proposition du pacte de compétitivité et la nouvelle gouvernance européenne qui lui est adjointe. Cependant ses propositions en matière de dette publique ne sont pas à la hauteur de la situation. Dans un document daté des 1er et 2 décembre 2010 et intitulé *Une nouvelle initiative européenne pour la dette et les investissements*, le comité exécutif de la CES préconise un « transfert par tranches de la dette nationale des États membres vers des euro-obligations détenues par la Banque centrale européenne ». Ce transfert se ferait « à concurrence de 60 % du PIB qui est la limite nationale autorisée par le Pacte de stabilité et de croissance ». La CES précise que ce transfert ne serait pas une annulation de la dette et les États « dont les obligations seraient transférées à la BCE seraient responsables du paiement des intérêts qui les frappent mais à des taux nettement plus bas ».

Cette proposition pose plusieurs problèmes. Elle sépare la dette publique en deux. Il y aurait une partie (jusqu'à concurrence de 60 % du PIB) de la dette qui serait remboursée avec des taux d'intérêt moins élevés alors que le reste de la dette continuerait à faire l'objet d'attaques spéculatives et serait affecté de taux d'intérêt prohibitifs. Or, l'explosion des dettes publiques et l'accroissement du ratio dette/PIB au-delà des 60 % autorisés

1. Le mot d'ordre de la CES « no cuts, more growth » pose cependant problème. Mettant l'accent sur la croissance, il laisse de côté la question de la répartition de la richesse produite, pourtant au cœur de la crise actuelle, et fait l'impasse sur la crise écologique qui ne peut être prise en compte sans mettre en question la religion de la croissance.

par le Pacte de stabilité ne résultent pas de « l'irresponsabilité des États membres » qu'il faudrait punir, mais de la crise financière et de la récession qui s'en est suivie. C'est pour sauver le système bancaire et bloquer la récession que les Etats se sont fortement endettés. La séparation entre dette « autorisée » et dette « au-delà » apparaît totalement arbitraire et laisse les États et l'Union européenne sous l'emprise des marchés financiers. Seul un audit public de la dette pourrait établir dans quelles proportions ces dettes sont légitimes ou non. Il serait tout à fait normal que ceux qui détiennent les titres de ces dettes, qui y ont vu une bonne occasion pour spéculer, supportent aussi une partie du fardeau de l'apurement de la dette dont ils portent en grande partie la responsabilité.

Car là est effectivement le problème principal de la proposition de la CES. En effet, ce sont les établissements financiers qui possèdent des obligations d'État qui devraient d'abord accepter ou pas ce transfert d'une partie de leurs créances à la BCE. Ce sont eux qui négocieraient avec la BCE le taux d'intérêt qu'ils devraient recevoir. Sans doute sera-t-il moins élevé que celui qu'ils exigent actuellement pour les pays les plus en difficulté, mais on peut leur faire confiance pour qu'il ne soit pas trop bas.

De plus ce processus n'est envisageable que pour les pays soumis à des attaques spéculatives importantes. Mais *quid* des autres pourtant soumis aussi aux plans d'austérité au prétexte de rembourser la dette ? A la mi-février, la France empruntait à 10 ans au taux de 3,55 %. Ce taux est certes beaucoup plus faible que celui auquel la plupart des autres pays européens empruntent. Mais il n'en reste pas moins élevé quand on le compare à celui auquel les banques privées se refinancent auprès de la BCE (1 %). Est-ce admissible que cela puisse continuer ?

La CES dit, dans son texte, s'inspirer des expériences du « New Deal » des années 1930 et du Plan Marshall, pour faire ses propositions, alors pourquoi ne pas reprendre l'exemple de l'Accord de Londres de 1953 sur la dette allemande, qui stipulait que le service de la dette devait être plafonné en fonction de l'état de l'économie et de la capacité des États à rembourser ?

ÉPILOGUE

Le mystère de la chambre forte

Gaston Leblanc

La chambre forte

Les bureaux et les couloirs de la Central Bank étaient déserts. À cette heure tardive, seules deux lumières brillaient encore. Au premier sous-sol, dans la salle de surveillance, le chef du service de sécurité, M. SecuritMan, fixait l'écran de son ordinateur et faisait défiler tous les points névralgiques de la banque : les accès, portes et fenêtres, la salle des coffres individuels, le coffre central, les principaux bureaux et salles de réunion, le hall d'entrée et d'accueil, ainsi que la salle des guichets et le parking souterrain. Un logiciel particulier lui permettait, grâce à un système très sophistiqué de caméras et de micros insérés dans les murs, les sols et les plafonds, de contrôler tous les endroits sensibles. Il pouvait commander les opérations manuellement mais, de toute façon, un balayage de vérifications s'opérait automatiquement toutes les cinq minutes, ajouté aux vérifications déclenchées aléatoirement.

Trois étages au-dessus, le gouverneur de la Central Bank travaillait encore dans son bureau de style Louis-Philippe, comme il sied dans une institution certes née sous le

Consulat mais à laquelle la Restauration, dans une société qui s'embourgeoisait à grands pas, avait donné un peu plus tard ses lettres de noblesse. M. Tricker parapha plusieurs documents, puis il se leva, s'habilla et sortit, après avoir refermé la porte avec précaution. Il dédaigna l'ascenseur et descendit à pied. Il salua le chef de la sécurité : « Bonsoir, SecuritMan. Soyez tranquille, j'emporte tout », montrant son porte-document qui paraissait bien léger. SecuritMan inclina la tête en souriant, car il avait l'habitude de cette facétie qui se voulait rassurante.

Le gouverneur franchit la porte. En bas du perron, son chauffeur, qui l'attendait, démarra aussitôt la Mercedes. À une allure rapidement croissante, ils roulèrent en direction de quelque résidence luxueuse dont le nom ne peut être dévoilé compte tenu de la qualité et des responsabilités de son occupant. M. Tricker serra contre lui sa serviette de cuir, qui contenait en tout et pour tout quelques feuillets et une clé USB de grande capacité. Il plissa les yeux en repensant à SecuritMan : sans doute celui-ci croyait-il, comme la plupart des gens, que la banque possédait un trésor bien cadenassé au fond du coffre central, et que là était la raison d'une surveillance permanente et renforcée.

En fait, il n'en était rien : le gouverneur emportait chaque soir tout ce qu'il fallait savoir de la banque sur sa clé USB. Étaient ainsi sauvegardés l'état du stock de devises étrangères, les comptes de toutes les banques ordinaires sur lesquelles la Central Bank avait autorité, le compte du Trésor public et les comptes des autres institutions financières qui y étaient enregistrées. Figuraient également sur la clé le déroulé de toutes les interventions passées de la Central Bank sur le marché interbancaire et les prévisions d'interventions futures qui n'avaient pas encore été dévoilées. Cette miniaturisation de l'information reflétait la forme moderne de la monnaie : celle-ci n'était plus métallique, ni même pour l'essentiel fiduciaire, sous l'aspect de billets ; elle était scripturale, c'est-à-dire qu'avoirs et passifs, créances et dettes étaient écrits sur des comptes, les virements et les paiements étant effectués par des écritures sur ces comptes. On pouvait forcer la sécurité de la banque et la cambrioler, on ne trouverait que des broutilles ; tout était contenu dans la clé USB du boss, et les ordinateurs laissés sur place étaient cryptés.

Le seul souci du gouverneur était que même ses propres cadres comprenaient difficilement leur métier de régulateurs monétaires. Si on les avait laissés faire, ils auraient, comme leurs collègues des banques ordinaires, passé leurs journées à jouer au « petit kerviel » – c'est le nom qu'on avait donné au jeu qui se déroulait au *front office* dans les salles de marché : plus spéculateur que moi, tu meurs. M. Tricker réfléchissait donc au moyen de faire rentrer dans leurs crânes d'œuf formés dans quelque école polytechnique les rudiments de la création monétaire. Lui-même avait toujours un peu de mal à en exposer le principe. La dernière fois qu'il avait tenté de le faire, c'était devant le président de la République, qui, dressé sur ses ergots, promettait avec force moulinets de bras de ramener le capitalisme à la raison. Le gouverneur se promit de convoquer un brainstorming sur ce sujet.

La poule aux œufs d'or

La cuisine monétaire s'était compliquée à mesure que le nombre de banques ordinaires augmentait. Chacune d'entre elles tentait de capter le plus de clients possible, déposants comme emprunteurs. À première vue, on croyait que plus une banque attirait de dépôts, plus elle pouvait les prêter ensuite et prélever d'intérêts. Ce n'était qu'une apparence.

D'abord, l'obligation pour les salariés d'avoir un compte bancaire pour que leurs salaires y soient versés mensuellement leur assurait des entrées liquides régulières. Ensuite, l'habitude de régler achats et contrats sous forme de virements par chèque ou par carte bancaire s'était répandue. Cela n'aurait été qu'un jeu de transferts de compte à compte à l'intérieur de la même banque s'il n'en avait existé qu'une. Mais il y en avait beaucoup, et de plus elles se faisaient concurrence. Dès lors, les transferts s'opéraient de compte à compte d'une banque à l'autre. La multiplicité des transactions expliquait que seuls les soldes étaient réglés entre les banques par la technique dite de compensation.

Cependant, aucune banque ordinaire n'aurait accepté d'être « compensée » par une écriture au nom de sa concurrente. Les banquiers sont des gens très policés, mais prompts à l'arnaque. Aussi la compensation entre banques ne pouvait-elle s'effectuer que dans une monnaie autre que la leur : le compte qu'elles avaient chacune auprès de la Central Bank était ainsi quotidiennement crédité ou débité. La Central Bank trouvait là l'une de ses missions centrales : obliger les banques ordinaires à solder leurs opérations privées par un jeu d'écritures qui se passait en son sein même. On disait alors que la compensation s'effectuait par le biais de la monnaie centrale, celle de la Central Bank, sans que celle-ci ait eu besoin pour ce faire d'utiliser des billets : tout était donc écrit et enregistré sur la clé USB que M. Tricker serrait contre son cœur chaque soir en rentrant chez lui.

C'était d'ailleurs très curieux : pourquoi traiter avec autant d'égards cette petite clé si les opérations enregistrées ne résumaient qu'un problème de vases communicants ? Ce qui sortait d'un côté allait de l'autre, et vice versa. Tout s'apparentait à un jeu à somme nulle. Un indice troublait cette vision. Le capitalisme avait toujours soif d'accumulation, de croissance nouvelle, de débouchés étendus. Plus on court vite, plus l'organisme a besoin d'oxygène. L'économie est pareille : plus elle avance, plus il lui faut de liquidités monétaires. Ainsi, les entreprises investissent pour accroître leurs capacités. Chacune pourrait espérer glaner l'argent économisé par tel ou tel épargnant et qui dort en banque. Mais, au niveau de l'ensemble de l'économie, pour qu'il y ait développement, il faut toujours plus de monnaie qu'il n'en circule déjà.

De quelle chambre forte sort la monnaie nouvelle qui est injectée dans l'économie ? Plus précisément, la question est : *puisque la chambre forte est vide, comment peut-il en sortir quelque chose ?*

L'inspecteur de police HomoAttacus (dans son pays, on prononçait *attacous*), de la brigade financière, fut chargé de l'enquête. Au début, il traîna les pieds, car il n'aimait pas ces histoires d'argent. Trop vénales, trop misérables, dépourvues de passion, tout juste mesquines. Mais son Conseil, qui avait diligenté l'enquête, avait été ferme : cette histoire de monnaie qui sort de nulle part, comme un lapin du chapeau du prestidigitateur, avait assez duré, le peuple avait le droit de savoir. HomoAttacus préférait de loin les affaires criminelles qu'il traitait avant d'entrer à la brigade financière. Au moins, à la Crim, on avait les cadavres, à défaut de trouver l'arme du crime et la main qui l'avait tenue. Le Conseil avait avancé l'argument qui avait fait mouche : derrière la gestion de la monnaie, la vie des populations était suspendue à un fil, d'autant plus fragile qu'on était entré depuis trois bonnes années dans une crise sans précédent que l'on ne savait juguler autrement qu'en la faisant payer aux victimes. C'était là un langage qu'HomoAttacus comprenait : vies en danger, chantages, victimes, donc malfaiteurs et criminels, c'était son domaine.

L'inspecteur lança sur la piste tout son réseau d'indics via RSS. Jusqu'ici, il n'avait eu qu'à se féliciter de ses indicateurs, prodigues en renseignements en tout genre. Lui-même surmonta ses réticences et se décida à aller faire un tour dans les banques. Le plus simple était encore de commencer par enquêter auprès de celle qu'il connaissait, ou croyait connaître, puisque son salaire y était versé chaque fin de mois. Hasard ou atavisme lié à ses origines rurales, il l'ignorait ; quoi qu'il en soit, sa banque était le Mutual Agricultural Credit.

Il franchit le sas d'entrée, toujours plus chicaneur. La matinée venait de débuter et il n'eut pas de peine à obtenir une entrevue avec le responsable d'agence. L'inspecteur lui montra sa carte tricolore et la conversation s'engagea.

– Monsieur le banquier, ma hiérarchie souhaite obtenir quelques éclaircissements sur les conditions d'attribution des crédits à vos clients.

– C'est très simple, et d'ailleurs nous respectons toutes les obligations légales, s'empressa de répondre le banquier, soucieux de prévenir les soupçons. Si un chef d'entreprise sollicite un prêt pour réaliser un investissement, ou un ménage pour effectuer un achat, ils nous fournissent toutes les informations quant à leur identité et à leur activité. S'il s'agit d'une entreprise, nous examinons ses comptes de fin d'année, ou ses revenus s'il s'agit d'un ménage. Lorsque toutes les conditions sont remplies, nous leur faisons signer un contrat mentionnant le taux d'intérêt sur lequel nous nous accordons, l'échéancier de remboursement et le type de garantie retenu, par exemple l'hypothèque d'une propriété ou d'un immeuble. Enfin, nous créditons le compte que l'emprunteur a ouvert chez nous de la somme que nous lui prêtons.

– C'est en effet fort simple, et je m'étonne que l'on doive s'inquiéter de ce mécanisme. Mais, dites-moi, vous devez posséder la somme que vous prêtez, et, comme vous accordez sans doute de nombreux prêts quotidiennement, vous possédez les sommes correspondantes, n'est-ce pas ?

Le banquier parut hésiter :

– Oui, bien sûr…

– C'est vrai, vous avez beaucoup de monde chez vous, les uns déposent, les autres empruntent. L'un dans l'autre, ça va, fit l'inspecteur, l'air innocent.

Puis, après quelques secondes, il reprit :

– Comment faites-vous pour satisfaire tout le monde à la fois ? Si vous prêtez ce que vous apporte un déposant, que lui reste-t-il s'il veut jouir de son pécule ?

Le banquier prit un air important pour le tranquilliser :

– C'est notre métier, nous savons gérer cette situation. D'abord, un nouveau prêt accordé à un client n'entame en rien le crédit d'un autre. Ensuite, les besoins en liquidités de nos clients, par exemple en billets de la Central Bank, ne sont pas simultanés. Il nous suffit d'en garder une certaine proportion, qui nous est d'ailleurs imposée par la loi, par rapport aux encours de crédits. Ainsi, nous pouvons répondre aux besoins de nos clients et les aider à développer leur activité. De plus, je vous rassure, mes confrères font de même, et chaque année nous enregistrons un volume de crédits un peu supérieur aux remboursements. La différence représente une création nette de monnaie indispensable à la bonne marche de l'économie de marché.

L'inspecteur HomoAttacus, dont la formation aux choses de la banque et de l'économie était fort rudimentaire et qui était plus au fait des méthodes de la police scientifique, semblait perplexe. Plusieurs problèmes le tourmentaient. Il se fixa pour objectif de n'en résoudre qu'un seul à la fois. Sinon, le banquier l'embrouillerait sûrement.

– Voyons, reprit-il après un silence, vous dites gérer des comptes, les créditer, les débiter, les solder, tout ça pour vos clients. Bienheureux soient-ils, mais vous, vos affaires à vous, où sont-elles ? Y retrouvez-vous votre compte, si vous me pardonnez ce trait d'esprit modeste ?

– J'aurais dû vous le préciser d'emblée, répondit le banquier, faisant mine de ne pas percevoir la perfidie du policier. Je tiens deux types de compte : l'un pour les clients, l'autre pour la banque. D'un côté, les comptes de chaque client dont nous parlions à l'instant : je les crédite lors de chaque apport et les débite pour tout paiement. De l'autre, j'inscris au bilan de la banque la contrepartie de toutes ces opérations : lorsque j'accorde un crédit de 100, je l'inscris à l'actif de la banque car je possède une hypothèque d'un montant équivalent ; je l'inscris aussi au passif de la banque car il représente un engagement de sa part à honorer tout ordre de paiement envoyé par l'emprunteur ; si celui-ci demande la conversion d'une partie de son crédit en billets, nous nous les procurons, en cas de manque, auprès de la

Central Bank, qui débite le compte que nous détenons auprès d'elle, puis nous les remettons au client, dont le compte est débité d'autant.

L'inspecteur était décidé à ne pas lâcher le morceau et, faisant fi de ces considérations techniques qui lui étaient passablement étrangères et qu'il aurait tout le temps de méditer ensuite, il revint à son idée, en balayant du regard le luxe du bureau du banquier :

– Je vous remercie, c'est très clair, sauf un point qui m'échappe encore : comment la banque s'enrichit-elle, puisqu'il est de notoriété publique qu'elle s'enrichit ?

– La banque perçoit des intérêts sur les prêts un peu plus élevés que ceux qu'elle verse, ainsi que des dividendes sur les placements qu'elle effectue. C'est normal, n'est-ce pas, puisque l'activité de prêt dynamise l'économie, sur laquelle nous prélevons une minuscule part. La banque permet le travail des hommes et ceux-ci le lui rendent un peu, ajouta le banquier, un sourire aux lèvres. Et puis, notez que la banque doit elle aussi emprunter souvent auprès de ses collègues au jour le jour afin de parer aux urgences en matière de liquidités centrales. La banque est sur un marché, l'interbancaire, et elle ne commande pas celui-ci.

– Ah, fit HomoAttacus, la banque ne commande pas tout ? Elle doit obéir ? Au gouvernement, peut-être ? Contez-moi cela, je vous prie.

– Non, Monsieur l'inspecteur, pas à l'État. Heureusement, on a ôté à celui-ci le pouvoir de faire tourner la planche à billets. C'est le marché qui commande désormais. Tandis que toutes les banques sont présentes sur le marché interbancaire pour compenser leurs engagements respectifs et se procurer de la liquidité centrale, celle émise par la Central

Bank. Elles se prêtent mutuellement cette liquidité, sous le regard sourcilleux de la Central Bank, qui, régulièrement, intervient pour faire varier à la hausse ou à la baisse le taux d'intérêt sur ce marché, variation que les banques répercutent ensuite sur les taux pratiqués pour leurs clients. Mais, Monsieur l'inspecteur, je crains de vous ennuyer avec ces précisions en vous éloignant de vos préoccupations.

Le banquier manifestait quelques signes d'impatience et voulait mettre fin à cet entretien, qui ressemblait de plus en plus à un interrogatoire. C'est bien connu, c'est toujours le moment où les enquêteurs doivent marquer un dernier point pour laisser leur vis-à-vis dans un état de semi-inquiétude. Aussi HomoAttacus lança-t-il une dernière pique :

– Vous m'avez parlé de placements de la banque. Dans quels secteurs placez-vous l'argent de la banque, ou celui de vos clients ? Dans quels pays ? Vous allez loin ? Vous « prenez le large » ? J'ai ouï dire que prendre le large se disait « offshore », dans votre métier. Je vous remercie pour votre disponibilité, Monsieur le banquier, nous nous reverrons peut-être.

L'inspecteur prit congé. Une fois dehors, il sortit son carnet à spirales de sa poche et nota, pour ne rien oublier, les points destinés à nourrir le rapport qu'il devrait rédiger pour tenir sa hiérarchie informée de l'avancée de son enquête :

1. Les dépôts des uns ne sont pas utilisés pour prêter aux autres. La multiplicité des crédits engendre une multiplicité de dépôts.

2. Toute créance est une dette, toute dette est une créance. Tout est écrit deux fois. La monnaie reçue par un emprunteur représente une dette envers sa banque. Mais elle représente aussi un engagement de celle-ci à honorer tout paiement. Un engagement ne va pas sans l'autre.

3. Toutes les banques font pareil. Elles sont contrôlées par la Central Bank, qui les « tient » par les billets dont elles ont besoin, mais pas autant que les prêts qu'elles accordent.

4. Les billets mis en circulation par la Central Bank constituent un engagement de celle-ci à garantir qu'ils soient libératoires, c'est-à-dire qu'ils soient acceptés en paiement de tout.

5. Les banques gagnent ce qu'elles prennent sur le fruit du travail qui produit ; elles ont trouvé la poule aux œufs d'or, qu'elles partagent avec ceux qui détiennent le capital.

L'inspecteur nota aussi les questions qui restaient en suspens et auxquelles il ne savait pour l'instant pas répondre :

a) Si les banques ont besoin de peu de billets, qu'est-ce qui limite leur pouvoir d'émettre de la monnaie écrite ? (Le policier ne connaissait pas encore l'expression « monnaie scripturale ».)

b) À qui les banques prêtent-elles surtout ?

c) La Central Bank agit-elle en amont ou en aval de l'action des banques ?

d) Qui contrôle la Central Bank ?

e) L'économie avance-t-elle avec de l'épargne constituée préalablement, ou lui faut-il de la monnaie supplémentaire ?

f) Emprunte-t-on pour financer des investissements ou pour combler des déficits ?

g) Quel rôle joue l'État ? Est-il victime ou complice ?

À ce propos, l'inspecteur se promit d'éplucher le budget de l'État, dont la tenue lui parut suspecte.

HomoAttacus fit le compte : cinq questions résolues, sept questions sans réponse ; il n'était pas au bout de ses peines, mais le bilan n'était pas si mauvais pour un début.

Un typhon nommé Poséidon

L'été 2007 était venu. La foudre s'était abattue. Un typhon d'une ampleur inouïe et inégalée depuis 1929 avait pris le monde par surprise. Par surprise, car personne n'avait pris au sérieux le mauvais vent qui s'était levé plusieurs mois auparavant et qui avait poussé la spéculation vers les sommets, en même temps que les cours de l'immobilier avaient amorcé une glissade sans frein. Poséidon, cette figure mythologique qui régnait sur les mers, avait déclenché une onde de choc, avec trois vagues successives de force croissante : déroute bancaire et financière, déroute économique, déroute étatique. À peine une vague se creusait-elle et s'affaissait qu'une autre surgissait, et, tel un bouchon sur le flot tumultueux, le fardeau de la dette privée sautait vers le haut de l'écume de la vague suivante : les hypothèques immobilières et l'ensemble des produits dérivés devinrent des chiffons de papier, obligeant les banques centrales à injecter des milliers de milliards de liquidités pour tenter de sauver de la faillite toutes les institutions financières dont l'actif s'était effondré. En vain. C'est sur les États que reposa la charge de sauver le système par une nouvelle injection de milliers de milliards, prêtés aux banques menacées ou donnés à l'industrie défaillante. Et, derrière les États, qui restait-il ?

HomoAttacus broyait du noir tandis que l'économie entrait dans le rouge. Les questions qu'il se proposait d'élucider étaient dépassées par de nouvelles qui s'entassaient jour après jour. Ainsi, alors que l'Amérique et l'Europe entraient dans la grisaille, le FMI, sous la houlette d'un nouveau directeur général, peignait la vie en rose. HomoAttacus jugeait que c'était là une des raisons pour lesquelles les populations en voyaient de toutes les couleurs, mais il n'apercevait pas d'arc-en-ciel annonciateur de la fin de l'orage.

Houspillé par son Conseil, l'inspecteur se résolut à aller fouiner du côté de la Central Bank. Il sollicita une entrevue qui lui fut refusée. Par chance, piétinant ses propres dogmes, le Conseil européen réunissant les chefs d'État ou de gouvernement décida d'outrepasser les consignes des traités jusque-là considérés comme intouchables. L'European Central Bank devait dorénavant commencer à obéir un peu. HomoAttacus insista alors et, muni d'une commission dérogatoire, prit le train pour Francfort. Évidemment, il savait qu'il ne serait pas reçu par le président, mais cela ne le gênait pas car ce qu'il voulait savoir, il pouvait l'obtenir d'un collaborateur.

On le fit patienter. Il en profita pour regarder autour de lui et emmagasiner le plus d'informations possible. Les murs du salon étaient lambrissés et plusieurs toiles de maître les ornaient. Il reconnut deux dessins de Picasso et un tableau de Braque. Bon choix pour une banque, pensa-t-il à propos de ce dernier. Mais ses connaissances picturales s'arrêtaient là, il n'était guère plus doué en histoire de l'art qu'en économie. C'est dire. Trois panneaux d'information attirèrent son regard.

Le premier reprenait l'article 105-1 du Traité sur le fonctionnement de l'Union européenne : « 1. L'objectif principal du Système européen de banques centrales, ci-après dénommé SEBC, est de maintenir la stabilité des prix. Sans préjudice de l'objectif de stabilité des prix, le SEBC apporte son soutien aux politiques économiques générales dans la Communauté, en vue de contribuer à la réalisation des objectifs de la Communauté, tels que définis à l'article 2 du traité sur l'union européenne. Le SEBC agit conformément au principe d'une économie de marché ouverte où la concurrence est libre, en favorisant une allocation efficace des ressources et en respectant les principes fixés à l'article 4. »

Le deuxième arborait le texte de l'article 106-1 : « 1. La Banque centrale européenne est seule habilitée à autoriser l'émission de billets de banque en euros dans la Communauté. La Banque centrale européenne et les banques centrales nationales peuvent émettre de tels billets. Les billets de banque émis par la Banque centrale européenne et les banques centrales nationales sont les seuls à avoir cours légal dans la Communauté. »

Et le troisième citait intégralement l'article 108 : « Dans l'exercice des pouvoirs et dans l'accomplissement des missions et des devoirs qui leur ont été conférés par les traités et les statuts du SEBC et de la BCE, ni la BCE, ni une banque centrale nationale, ni un membre quelconque de leurs organes de décision ne peuvent solliciter ni accepter des instructions des institutions, organes ou organismes de l'Union, des gouvernements des États membres ou de tout autre organisme. Les institutions, organes ou organismes de l'Union ainsi que les gouvernements des États membres s'engagent à respecter ce principe et à ne pas chercher à influencer les membres des organes de décision de la Banque centrale européenne ou des banques centrales nationales dans l'accomplissement de leurs missions. »

Au moins, les choses sont claires, se dit l'inspecteur, qui commençait à comprendre ce qui lui avait paru hermétique lorsqu'il lui avait fallu se prononcer pour ou contre le Traité constitutionnel européen en 2005. J'aurais dû venir plus tôt, pensa-t-il, j'aurais évité de tirer au sort entre « oui » et « non ».

Son pile ou face avait abouti à «non», mais à l'époque il n'aurait pas su le justifier.

C'est armé de cette nouvelle certitude qu'il pénétra dans le bureau du directeur des études économiques de l'European Central Bank. L'accueil fut courtois mais sévère, et HomoAttacus prit le parti d'aller droit au but :

– Monsieur le directeur, je ne vous cache pas que l'enquête dont je suis chargé m'oblige à vous interroger sur la pratique de la Central Bank au cours de la période qui a précédé l'éclatement de la crise, et sur les décisions auxquelles celle-ci vous a conduit. Commençons par ceci : est-il vrai que vous n'autorisez pas plus de 4,5 % de liquidités monétaires supplémentaires par an dans la zone euro ? Pourquoi 4,5 % ? Et cette limite est-elle respectée ?

– Oui, répondit l'économiste en chef. La Central Bank autorise 2 % pour couvrir l'inflation tolérable et 2,5 % pour accompagner la croissance économique de la zone euro. Le total fait bien 4,5 %.

– J'entends bien, répondit l'inspecteur, qui n'avait rien oublié des principes de l'addition. Mais est-ce vérifié concrètement ?

– La Central Bank a une position très ferme et s'y tient, répondit le chef-économiste d'un ton moins assuré qu'il l'aurait voulu.

– Pouvez-vous me fournir des indications précises ? insista HomaAttacus, qui avait senti la faille.

– Nous ne pouvons mettre sur la place publique des informations confidentielles, biaisa l'économiste.

À cet instant, le téléphone de l'inspecteur se mit à vibrer dans sa poche, annonçant l'arrivée d'un SMS. Furtivement, il jeta un coup d'œil à l'écran et lut ce que lui envoyait son indic LaFouine, le plus véloce de tous : «Voir internet, http://en.wikipedia.org/wiki/Money_supply, et demander graphique disparu sur https://entreprises.lcl.fr/cle-publication-public/espace-infos-public/analyses-economiques-public/europehebdo-public/europe-hebdo-numeros-precedents/europe-hebdo-2007-05-07.»

– Pouvez-vous me montrer l'évolution de la masse monétaire dans la zone euro dans la période qui a précédé la crise ? enchaîna l'inspecteur.

L'économiste en chef parut hésiter, mais sortit d'un dossier deux graphiques qu'il tourna vers le policier.

Offre de monnaie en euros

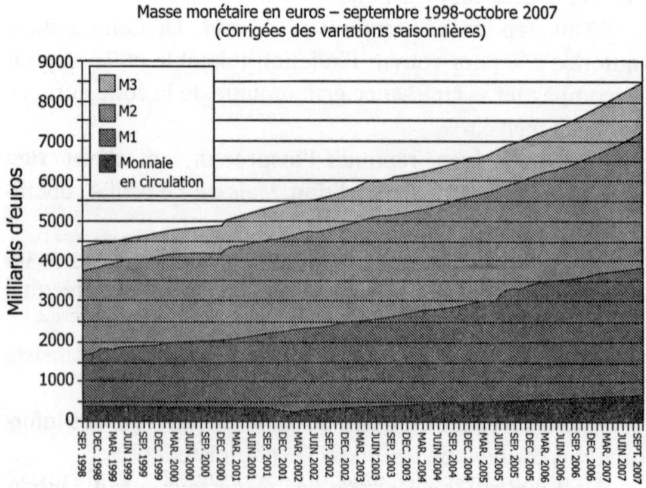

Taux de croissance annuel de M3 et taux annuel d'inflation dans la zone euro

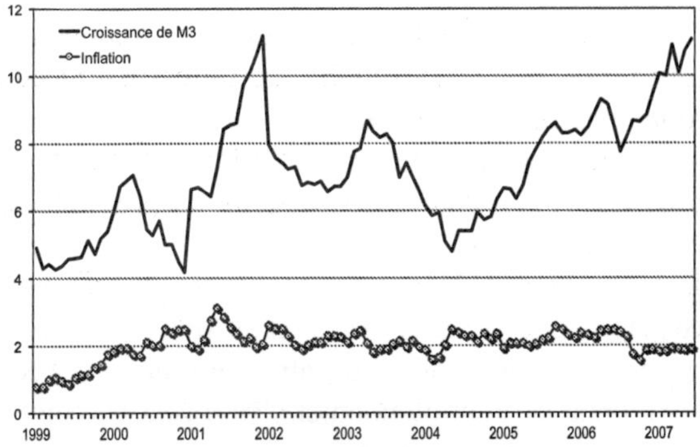

Currency in circulation : pièces en billets en circulation.
M1 : pièces, billets et dépôts à vue.
M2 : M1 + dépôts à terme inférieur à deux ans + dépôts assortis d'un préavis de levée inférieur à trois mois (livrets A, bleu, jeune, d'épargne populaire, Codevi, compte épargne logement).
M3 : M2 + titres négociables sur le marché monétaire émis par les institutions financières (titres d'organisme de placement collectif en valeurs mobilières (OPCVM) monétaires, certificats de dépôt, créance inférieure à deux ans). M3 représente la masse monétaire au sens large. Dans la zone euro, M1 représente environ 4 500 milliards d'euros et M3 environ 9 300 milliards.
M4 : M3 + bons du Trésor, billets de trésorerie et bons à moyen terme émis par les sociétés non financières.
De M1 à M4, la liquidité est décroissante.
Billions = milliards.

HomoAttacus resta songeur un moment. L'autre le toisait, narquois, mais à sa grande surprise il vit le visage du policier se raffermir peu à peu, comme si la peau de ses joues, flasque et marquant sa soixantaine bien sonnée, prenait subitement un coup de jeune. En tout cas, c'est d'une voix cinglante que l'inspecteur reprit :

– Le 4,5 % par an est devenu 10 ou 11 % dans les quatre années qui ont précédé la crise. À qui est allé ce supplément de monnaie, puisque l'inflation est restée stable ? Il n'a pu irriguer l'économie. Qui en a profité ?

L'économiste en chef fixa le policier et, avec une moue dédaigneuse, répondit sur un ton magistral :

– Le monde s'est mondialisé, nous ne sommes plus au Moyen Âge. Les capitaux circulent et doivent circuler de mieux en mieux pour aller au point optimum, car l'économie se réorganise quotidiennement. Pour cela, les capitaines d'industrie et les financiers ont besoin de disposer en permanence de grandes masses d'argent pour rassembler les industries dans de grandes unités performantes. Et beaucoup font appel aux banques pour faire levier et booster leur *return on equity*.

L'effet de levier

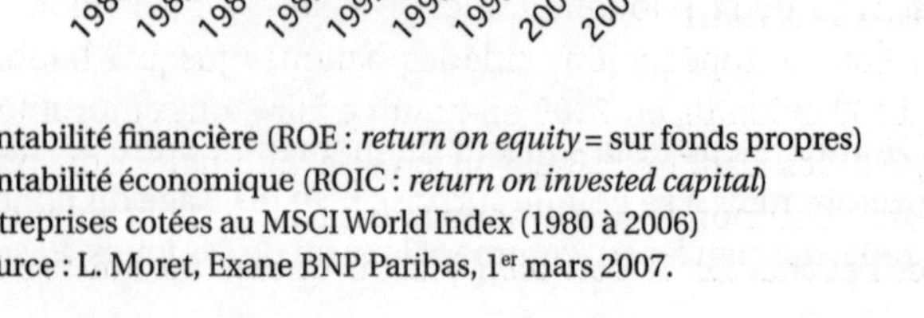

Rentabilité financière (ROE : *return on equity* = sur fonds propres)
Rentabilité économique (ROIC : *return on invested capital*)
Entreprises cotées au MSCI World Index (1980 à 2006)
Source : L. Moret, Exane BNP Paribas, 1er mars 2007.

Avec ce nouveau graphique, HomoAttacus comprit que le technocrate voulait le noyer : levier, booster, *return on equity*. Il avait son idée en tête et ignora le propos :

– La monnaie est par nature une dette, or vous acceptez que sa masse augmente à un rythme supérieur aux besoins de l'économie et qu'ainsi elle aille aux activités spéculatives, donc vous mettez en branle une spirale de dettes, les unes pour donner un tremplin à la rentabilité financière (comment dites-vous, levier pour le rendement ?) ou pour faire « dériver les produits » dans une spirale spéculative, les autres pour pallier les maigres revenus des pauvres. Cette montagne de dettes privées assises sur des titres dont la valeur est fictive finit par s'écrouler et se retrouve sur le dos de la collectivité. Est-ce là le point optimum dont vous me parliez ?

L'économiste en chef essaya de faire diversion :

– La spéculation est une anticipation de l'avenir. C'est le prix de la liberté. Avez-vous déjà vu une dictature où l'on spéculait ? Non, il n'y a que dans les démocraties que l'on peut parier sur l'avenir. La collectivité se ressoude en cas de difficulté pour sauver son système. Et, en la matière, poursuivit-il, sentencieux, les États ont joué leur rôle, et nous avons un système de notation pour apprécier leur efficacité.

– L'Allemagne emprunte à moins de 3 %, la Grèce à plus de 11, répliqua l'inspecteur, le déficit du budget français est de plus de 160 milliards, il a doublé en l'espace de deux ans, et la dette publique française s'élève à 1 600 milliards. Les États européens ont aidé les banques jusqu'à hauteur de 1 100 milliards en 2009 et, pour ce faire, ont emprunté… auprès des banques ! Bref, on crée la monnaie, non pour nourrir l'économie, mais pour nourrir la dette et financiariser l'économie. Il doit bien y avoir quelqu'un qui tire les marrons du feu ! Où en sont les actionnaires des banques ? observa l'inspecteur, qui n'oubliait jamais le vieil adage policier « à qui profite le crime ? ».

– La croissance est repartie, la prospérité des uns finit toujours par rejaillir sur les autres, bafouilla l'économiste.

– Rejaillir ? Vous voulez dire que les uns éclaboussent les autres ?

L'inspecteur HomoAttacus prit congé, il en savait assez, maintenant, et il avait montré ses muscles. Il était tout ragaillardi. Il nota sur son carnet :

6. D'un bienfait, on fait un mal : la monnaie est une dette saine quand elle anticipe une activité utile, elle est un piège quand elle anticipe la spéculation, piège qui se referme sur les populations. Le système bancaire ne complote pas pour créer de la monnaie, il complote pour décider à qui ira la monnaie créée.

7. La Central Bank est censée être le prêteur en dernier ressort ; en fait, elle prête la main à la présentation de la facture aux peuples, qui n'en peuvent mais.

8. Le Trésor public est interdit d'emprunt auprès de la Central Bank et comble ses déficits auprès des banques privées pour pouvoir mieux sauver celles qui ont le plus failli. Ubu banquier.

9. En cas de besoin, les banques se refinancent à 0 ou 1 % auprès de la Central Bank et prêtent aux États en déficit à 3 ou 12 %.

Au titre des questions restant à élucider, l'inspecteur nota :

h) Comment les choses se passent-elles hors d'Europe ?

i) La dette et la rente sont-elles des fatalités ?

Puis il fit quelques pas dans la Straße et, apercevant au loin une brasserie, se dit qu'une bonne bière l'aiderait à assimiler le fatras d'informations qu'il avait glanées.

Ce clair objet du désir

HomoAttacus reprit le train et occupa son voyage à expédier plusieurs messages via son portable. L'un en particulier était destiné à un collègue en poste à Harare, capitale du Zimbabwe, pays le plus endetté au monde avec une dette représentant 282,6 % de son PIB. Il l'avait connu à l'occasion d'une enquête sur un trafic d'armes. Il libella le message ainsi : « Hello, brother. Give me informations about Sud's debt. Quickly, please. Thanks. » Il n'était pas très bon en anglais, mais c'était la langue officielle du Zimbabwe.

Il commençait à entrevoir quelques lueurs, mais il avait besoin d'ordonner les bribes recueillies. Bien qu'il ait ça en horreur, écrire, il savait d'expérience que l'obligation de rédiger un rapport l'aidait à fixer l'essentiel et à se débarrasser des détails qui détournaient souvent son attention.

Il hésita : rédiger dans son bureau à la brigade financière, totalement déprimant, ou bien chez lui en sirotant une bonne bouteille et en avalant une quiche végétarienne qu'il avait dans son congélateur (sa fille, adhérente d'une association socio-écolo, l'avait convaincu que l'on mangeait trop de viande pour l'équilibre humain et écologique de la planète). Il opta pour la deuxième solution et se mit au travail sur son ordinateur antédiluvien. Ses rapports étaient toujours un mélange de styles, style rédigé entrecoupé de style télégraphique. Il préférait éviter l'emphase et gagner en concision.

Les problèmes monétaires sont inséparables de l'évolution de l'économie capitaliste contemporaine. Celle-ci s'est mondialisée et elle a engendré des difficultés que la plupart des pays éprouvent, tant au niveau de leurs populations que de leurs États.

Le système bancaire et, derrière lui, ceux qui tiennent les cordons de la bourse ont profité de la présence d'une nécessité absolue : toute économie en croissance a besoin de toujours plus de monnaie qui circule. C'est une sorte de loi s'imposant partout et qui est démontrée tant par le courant karliste que par le courant maynardien[1] *: vendre des marchandises avec profit n'est possible que si plus de monnaie circule à l'arrivée qu'au départ. Une économie capitaliste sans endettement n'a aucun sens. Mieux, aucune économie voulant se développer n'est concevable sans endettement.*

À partir de là, deux options sont possibles pour la Central Bank : ou bien elle accompagne l'impulsion d'activités utiles à la société, ou bien elle favorise la financiarisation de l'économie. Toutes les grandes Central Banks dans le monde ont peu ou prou adopté la seconde voie : le Federal Reserve System américain, l'European Central Bank, la Bank of England, la Bank of Japan. Un système de crédit, canalisant les nouvelles liquidités, s'est développé, alimentant un engrenage spéculatif sans fin, sous couvert de procédures sophistiquées, sinon savantes : produits dérivés, titrisation, marchés de gré à gré,

1. Karliste, du nom d'un Allemand qui, au XIXe siècle, avait le dos rempli de furoncles, mais qui, à la place du cerveau, avait un cerveau au carré. Maynardien, du nom d'un esthète anglais qui, au plus fort de la crise des années 1930, était capable d'absorber toutes les idées nouvelles et d'en faire la synthèse, notamment celles, sans qu'il l'ait connu, d'un alter ego michaélien polonais qui a définitivement plombé la vision libérale de l'économie.

vente à découvert, vente à découvert nue, effet de levier, etc., procédures incompréhensibles pour le commun des mortels car dissimulées sous des sigles anglais comme OTC, CDO, CDS, ABS ou ROE. Toujours avides de liquidités fraîches, les marchés financiers, par la voix des agences de notation qui elles-mêmes parlent au nom des grands actionnaires, exigent que soient privatisées les retraites et la santé. Une fois les bilans consolidés, les bénéfices sont mis à l'abri dans les paradis fiscaux.

La spirale d'endettement, non pas pour investir de manière productive, mais pour placer à court terme, a gonflé de nombreuses bulles successives, sur l'Internet, sur les matières premières, sur l'immobilier, et il y en a une qui se prépare sur le climat. En éclatant, elles ont font naître des tourbillons qui ont dégénéré en typhon de la crise.

La masse monétaire mondiale, dans son acception la plus large, est d'environ 60 000 milliards de dollars pour un produit mondial annuel à peu près équivalent. Mais sa progression dépasse largement celle de ce dernier : par exemple, +16,7 % en 2008 pour la masse monétaire contre +4,4 % pour le produit. En la matière, la responsabilité du Federal Reserve System est écrasante, mais celle de l'European Central Bank ne l'est guère moins. Pendant ce temps, les transactions financières peuvent caracoler à plus d'un million de milliards de dollars par an.

À cet instant, un bip de son téléphone signala à HomoAttacus l'arrivée d'un SMS. C'était son collègue de Harare. Lui, c'était vraiment un pote, car, connaissant les faiblesses linguistiques d'HomoAttacus, il avait répondu en français :

La situation du Zimbabwe est dramatique : le pays vit depuis plusieurs décennies dans un climat social et politique explosif, car il n'arrive pas à surmonter les séquelles du colonialisme et les extraordinaires inégalités sociales que celui-ci a léguées. Ces contradictions se retrouvent dans beaucoup de pays du Sud aujourd'hui, notamment en Afrique, et sont même aggravées depuis l'avènement du capitalisme mondialisé. En effet, au début de la décennie 1980, la libre circulation des capitaux qui avait été décidée pour restaurer leur rentabilité avait ouvert toutes les frontières. Les pays du Sud qui avaient emprunté à taux variable furent victimes de la montée des taux d'intérêt. Progressivement, leur dette s'est enflée pour atteindre trente ans après environ 2 500 milliards de dollars. Cette somme est due aux principales banques mondiales, au Fonds monétaire international, à la Banque mondiale, qui leur ont imposé des plans d'ajustement structurel draconiens, dont les pays européens comme la Grèce et l'Irlande, peut-être demain le Portugal et l'Espagne, goûtent l'amertume à leur tour.

HomoAttacus fit un copier-coller du message de son ami, mieux rédigé qu'il n'aurait pu le faire, et continua son rapport.

Il apparaît ainsi que la monnaie est dévoyée. Ce dévoiement est rendu possible par l'ambivalence intrinsèque de la monnaie. Elle est un bien privé parce qu'elle est l'arme de l'enrichissement personnel de ceux qui embauchent ceux qui n'en ont pas. En ce sens, elle exprime la pulsion de cannibaliser la substance, la force et l'intelligence de l'autre. Mais elle est aussi un bien public parce qu'elle n'est valide que par la décision politique de la rendre acceptable par tous. Le côté pile et le côté face de la monnaie sont réunifiés par la puissance du désir de richesse, individuelle ou collective, qu'elle est capable de susciter et de représenter. Elle devient ce clair objet du désir *qui, dans l'ordre de la culpabilité et de la responsabilité – actionnaires, banquiers, banquiers centraux, gestionnaires de fonds spéculatifs, gouvernements inféodés ou consentants, agences de notation –, a poussé le capitalisme jusqu'à son point le plus dépouillé d'artifices et le plus chimiquement pur : le profit financier par et pour la finance.*

Il est à craindre que cette ambition ne soit qu'une chimère, car rien ne vient de durable en dehors du travail, et une chimère désastreuse, car, lorsqu'elle s'effondre, elle ne met pas seulement à nu des rouages froids et implacables, mais déshabille les gueux pour couvrir d'or ceux qui, tel le roi Midas, pensent pouvoir tout transformer en métal précieux ou en marchandises.

À ce point de l'enquête, il convient de saisir l'enchaînement des faits qui conduit au crime contre la démocratie et contre les peuples. Monnaie-dette et nécessité du crédit + ambivalence de la monnaie ➔ privatisation de la monnaie ➔ accumulation de dettes privées prises en charge par la collectivité ➔ États sommés de réduire les dépenses sociales puisqu'il leur est interdit d'emprunter à taux zéro auprès de la Central Bank ➔ dette publique qui explose sous le double effet de la prise en charge des dettes privées et du ralentissement de l'économie induit par l'austérité.

En conclusion, il se révèle que l'opinion publique est abusée avec un prétendu mystère de la chambre forte, de laquelle on ferait jaillir une génération spontanée de richesse, laissant croire que, magiquement, la création monétaire ne se fonde sur rien de tangible et cela en toute circonstance. Or celle-ci, de l'aveu des banquiers et des banquiers centraux, n'a pas d'autre défaut que celui d'être instrumentalisée au bénéfice d'une économie-fiction, celle de la finance qui veut planer hors sol, hors de toute réalité matérielle et humaine. La monnaie et sa création ne sont pas condamnées à rester attachées à la finance privée. L'expansion de la masse monétaire ne peut être gagée sainement que sur la capacité à produire davantage de biens et services utiles. C'est ce qui fonde durablement sa valeur et la confiance dont elle jouit auprès de la population. C'est une condition nécessaire. Mais elle n'est pas suffisante car s'en ajoute une autre : celle d'avoir une répartition des revenus juste, de façon à empêcher la formation de bulles financières récurrentes.

Il appartient désormais au pouvoir démocratique retrouvé 1° d'examiner la possibilité d'euthanasier les rentiers en annulant une dette publique largement illégitime, 2° de rompre avec l'illusion de la neutralité de la monnaie et avec la perversion de la neutralisation de la politique monétaire.

HomoAttacus relut son rapport, corrigea trois fautes, joignit les graphiques relevés dans son enquête qui serviraient de pièces à conviction, data du 4 janvier 2011, et signa.

Épilogue

L'inspecteur HomoAttacus n'était pas très sûr que la conclusion de son rapport fût bien intelligible pour ses destinataires, surtout les deux propositions qui la terminaient, mais il les avait laissées telles quelles, par lassitude. Cette enquête l'avait épuisé. Et, soudain, la décision lui apparut évidente. Il avait l'âge de partir à la retraite, d'autant que les menaces de la finance sur la sécurité sociale grandissaient et qu'il ne ferait pas bon traîner à la tâche. Le lendemain, il signa sa demande.

Le 1er avril suivant, on annonça que la finance avait été décapitée par une taxation impitoyable. Toutes les banques avaient été socialisées et un vrai budget européen avait été décidé, tandis que l'impôt sur le revenu était assorti d'une tranche à 100 %. Au plan mondial, le FMI était dissous et remplacé par une agence de l'ONU.

HomoAttacus était déjà loin. Sur les bords d'un gave de montagne, il taquinait la truite. Son esprit vagabondait, du Conseil à la brigade financière, qu'il avait quittés en même temps, mi-serein mi-nostalgique, à vrai dire. Comme son métier lui avait appris à être patient, il avait un œil sur l'hameçon, un autre sur le livre qu'il tenait sur les genoux. En partant, il en avait emporté plusieurs que lui avait conseillés la bibliothécaire de son quartier, avec qui il avait une cote qui valait bien plus que celle de la Bourse. Ces livres, avait-elle assuré, lui donneraient les éléments qui manquaient encore à son entendement des mystères de la finance. On y trouvait :

Attac, *Sortir de la crise globale. Vers un monde solidaire et écologique*, La Découverte, 2009.

Laurent Cordonnier, *L'Économie des Toambapiks. Une fable qui n'a rien d'une fiction*, Raisons d'agir, 2010.

Économistes atterrés, *Manifeste d'économistes atterrés*, Les Liens qui libèrent, 2010.

Jean-Marie Harribey, *Raconte-moi la crise*, Éditions du Bord de l'eau, 2009.

Michel Husson, *Un pur capitalisme*, Page deux, 2008.
Frédéric Lordon, *Jusqu'à quand? Pour en finir avec les crises financières*, Raisons d'agir, 2008.
Damien Millet et Éric Toussaint, *La crise, quelles crises?*, CADTM-CETIM, 2010.
Dominique Plihon, *La Monnaie et ses mécanismes*, La Découverte, 2008.

QUELQUES REPÈRES

Multiplicateur budgétaire

Le budget de l'État peut jouer sur l'activité économique de deux manières : soit en diminuant les impôts tout en laissant les dépenses au même niveau, soit en augmentant les dépenses en laissant les recettes inchangées. Dans les deux cas, on estime que la consommation des ménages est relancée d'un facteur multiplicatif d'autant plus élevé que la propension des ménages à consommer est forte. Mais l'impulsion budgétaire due à ce facteur multiplicatif est plus importante dans le cas où on augmente les dépenses que dans celui où on diminue les impôts, parce que le premier agit directement sur la production.

Stabilisateurs automatiques

Les recettes fiscales et les dépenses publiques ne réagissent pas avec la même sensibilité aux variations de l'activité économique : les recettes varient beaucoup plus que les dépenses. Aussi, en période de ralentissement de l'économie, voire de récession, les impôts rentrent beaucoup moins dans les caisses de l'État alors que les dépenses ont plutôt à s'accroître. De ce fait, le creusement du déficit joue à lui seul un rôle de relance spontanée. Dans le cas inverse de boom économique, les impôts affluent, les dépenses sont plutôt stables, et donc cela a tendance à freiner l'emballement économique. Ces mécanismes, que l'on appelle « stabilisateurs automatiques », ne jouent toutefois qu'à certaines conditions : que la part du budget public dans l'économie soit élevée, que l'assiette fiscale soit sensible à la conjoncture (ex. la TVA) ou que la fiscalité soit très progressive.

Politique conjoncturelle vs politique structurelle

Une politique conjoncturelle consiste à faire varier, grâce au budget public et à la monnaie, l'activité économique dans un sens ou dans l'autre. Dans le langage néolibéral, une politique structurelle vise au contraire à abandonner toute action de type précédent pour agir sur la structure du marché : par exemple, la structure du marché du travail en le flexibilisant, en atténuant l'effet du salaire minimum ou en diminuant les protections sociales. Or, on pourrait imaginer d'autres réformes de type structurel, par exemple en modifiant la répartition des revenus dans un sens favorable au travail et en réorientant l'activité par des investissements sociaux et écologiques.

Croissance potentielle

C'est une notion de la macro-économie pour désigner la croissance économique qui serait théoriquement réalisable avec les stocks de matières et les équipements disponibles, les capacités de travail et la productivité. Cette croissance potentielle est en fait toujours différente de la croissance effective. La crise écologique n'est pas étrangère aux erreurs des prévisions en la matière et aux illusions concernant la possibilité d'atteindre des niveaux de croissance toujours plus élevés.

Inflation

L'inflation désigne la hausse des prix des biens et des services. Son origine est controversée. La théorie monétariste l'attribue à une croissance de la masse monétaire que les pouvoirs publics ont décidée ; d'où la volonté des néolibéraux de confier la politique monétaire aux banques centrales décrétées indépendantes. En réalité, une inflation durable traduit toujours une modification des rapports de force entre les classes sociales. Si les capitalistes réussissent à imposer aux salariés, notamment à cause du chômage, une baisse des salaires relativement à leur productivité, les profits augmenteront sans qu'il soit nécessaire d'augmenter les prix. Si ce n'est pas le cas, les entreprises auront tendance à augmenter les prix pour ne pas voir la part des profits diminuer. C'est bien sûr la première situation qui domine à l'époque néolibérale, d'autant plus qu'à l'inflation sur les biens et services s'est substituée une inflation portant sur le prix des actifs financiers à cause du crédit facile accordé pour les opérations purement financières par un système bancaire déclaré « indépendant »... sauf vis-à-vis de marchés financiers...

Agences de notation

Moody's, Standard & Poor's et Fitch Ratings : trois agences de notation censées noter les États et les entreprises qui se financent sur les marchés. Toutes trois privées, prisonnières des intérêts qu'elles veillent et pour cause : elles sont payées par ceux qu'elles notent ! Elles symbolisent toute la puissance des marchés financiers et des spéculateurs face aux

États. Leur rôle de pompiers pyromanes dans la crise n'est plus à démontrer. La Grèce, le Portugal, l'Irlande et l'Espagne en savent quelque chose avec toute la spéculation qui s'est déchainée contre ces États après qu'ils se sont vus attribuer les mêmes notes que de vulgaires fonds spéculatifs. Comme si les titres d'un État pouvaient être assimilés à ceux d'une entreprise ou un fonds spéculatif! Par contre, ces mêmes agences n'avaient rien vu venir avant la crise des subprimes : à cette occasion leurs capacités d'anticipation et d'alerte ont été pour le moins défaillantes !

LES AUTEURS

Jacques Cossart : ancien économiste du groupe de la Banque mondiale
Jean-Marie Harribey : économiste
Esther Jeffers : économiste
Pierre Khalfa : porte-parole de l'Union syndicale Solidaires
Antoine Math : chercheur à l'Ires (Institut de recherches économiques et sociales)
Évelyne Dourille-Feer : économiste
Michel Husson : économiste à l'Ires (Institut de recherches économiques et sociales)
Dominique Plihon : économiste
Éric Toussaint : président du CADTM-Belgique (Comité pour l'annulation de la dette du tiers-monde)

Tous les auteurs sont membres du Conseil scientifique d'Attac.

Table des graphiques et tableaux

Graphiques

Tableaux

Achevé d'imprimer sur Roto-Page
en avril 2011
par l'Imprimerie Floch à Mayenne

Dépôt légal : mai 2011
N° d'impression : 79441

Imprimé en France